RENA REISCH

**Der stille Virtuose
Vitaliy Patsyurkovskyy**

*Viel Freude beim lesen!
Rena Reisch
+
Vitaliy Patsyurkovskyy*

Erste Auflage 2023
© Gaius Maecenas Verlag, Baar
Alle Rechte liegen beim Verlag und der Autorin.
Fotocopyrights: © Vitaliy Patsyurkovskyy, Friedrich Bouvier,
Barbara Katz, Renate Reisch, Rosa Kainrath, Freepik,
Gaius Maecenas Verlag.

Dieses Produkt wurde nach Richtlinien des Österreichischen Umweltzeichens UZ-24, UWZ: 900 und auf PEFC-zertifiziertem Papier mit Öko-Plus Pflanzenfarben und unter Verwendung chemiefreier Druckplatten hergestellt.

ISBN 978-3-907048-34-4
www.maecenas-verlag.net

**Musik spielen ist wie
Geschichten erzählen.**

**Geschichten erzählen
ist wie Musik spielen.**

RENA REISCH

Der stille Virtuose Vitaliy Patsyurkovskyy

Eine Reise durch die magische Welt seiner Musik

Inhalt

Warum diese Geschichte? 8

Die Reise. Oder: Wie liest man dieses Buch? 13

1. „Wer ist das?" 17
2. Wer ist Vitaly Patsyurkovskyy? 23
3. „Warum spielen Sie auf der Straße?" 29
4. Abenteuerspielplatz Straße 33
5. Geheimnisvolle Räume 39
6. „Welche Sprache ist das?" 45
7. „Wo ist der Magnet?" 47
8. Der Lockruf der Orgel 55
9. Die Leichtigkeit des Seins 61
10. Wieviel Stille ertragen wir? 65
11. Wenn das Akkordeon singt 71
12. Bühne versus Straße 77
13. Wie mit der Peitsche getrieben 83
14. Gegen Kopfweh 87
15. Bella Italia 93
16. Der V-Akkord. VVV 99

17. Deutschland. Das Geld so schwer. 105
18. „Warum Tango Argentino?" 109
19. Autokilometer: 150.000 113
20. Vom Aushalten 117
21. Die 10.000-Stunden-Regel 121
22. Mach mal Pause! 127
23. Im Flow sein 131
24. „Graz, Graz, nur Du allein!" 135
25. Inspiriere mich. Beschütze mich. 141
26. Auf der Milchkanne 147
27. So viele gute Freunde 153
28. Mut und Freiheit 159
29. Träume 163
30. „Wo sind Sie, wenn Sie Musik spielen?" 167
31. Vom Vertrauen 173
32. Vom Schenken und der Großzügigkeit 177
33. „Warum haben Sie geweint?" 181

Danksagung 185

VORWORT

Warum diese Geschichte?

Geschichten sind der Stoff, aus dem die Menschheit gewebt ist.

Wir sind ein bunter Stoff aus unzähligen Materialien, mit wilden Mustern, mit durchgeschabten Enden, mit Löchern, mit Rissen und mit fransigen Fäden, die sofort zerfallen, wenn man nur leicht an ihnen zieht. Manchmal ist der Stoff so durchsichtig, dass man meint, man könne hindurchsehen in etwas Anderes, Geheimnisvolles, manchmal so unbeweglich wie steifstes, dickstes Sackleinen. Unsere Geschichte besteht aus den Geschichten, die wir einander erzählten und erzählen. Schon immer. Seit Anbeginn der Menschheit. Wir sind begierig nach Geschichten.

„Wie geht es dir?", „Erzähle es mir!", „Was gibt es Neues?", „Wie ist es dir ergangen?", sind unsere Einleitungsfragen, wenn wir auf eine Geschichte hoffen. Und nein, es ist nicht die Gier nach Tratsch und Klatsch, sondern nach etwas, das uns daran erinnert, dass wir alle aus dem gleichen Gewebe geschaffen sind. Dass wir alle lieben und lachen, leiden und weinen, hoffen und bangen. Wir hoffen auf Geschichten, in denen wir uns erkennen und die uns erzählen, wie es zu schaffen wäre – was immer wir schaffen wollen.

Gute Geschichten verbinden uns, trösten uns, rütteln uns auf, bringen uns zum Nachdenken, zum Handeln. Sie machen uns dankbar für das, woran der Held, die Heldin der Geschichte uns teilhaben lässt, weil dieses Etwas an unser Herz rührt und uns aufblühen lässt. Sie sind Vorlagen für unsere persönliche Entwicklung. „So will ich auch sein", denken wir, wenn wir etwas hören, das in uns Widerhall findet. Oder „So will ich auf keinen Fall sein!"

Gute Geschichten inspirieren uns. Und: Sie erziehen uns, dankbar zu sein für viele Privilegien, derer wir uns nicht mehr bewusst sind, weil sie uns als selbstverständlich gelten. Gute Geschichten sollten immer und unter allen Umständen erzählt werden.

Die folgende Geschichte spielt in Österreich, in der steirischen Landeshauptstadt Graz. Sie ist eine Geschichte des seltenen Privilegs, Weltklasse-Musik zum Nullpreis auf der Straße hören zu dürfen, sie erzählt von der Hingabe eines virtuosen Musikers an alle Grazerinnen und Grazer, sie ist die Geschichte einer jahrzehntelangen Treue zu dieser Stadt und sie ist auch eine Geschichte des Dankes für herzberührende Musik.

Ich war erst vor kurzem wieder in meine Heimatstadt Graz zurückgekehrt und hatte keine Ahnung von diesem Musikjuwel, das in den Straßen der Stadt funkelte. In der Innenstadt bin ich selten, ich wohne in einem Außenbezirk und die Anfahrt ins Stadtinnere ist mühsam. Als ich dann doch einmal hineinmusste, weil ich unbedingt ein chinesisches Gemüse wollte, das es nur in einem einzigen Geschäft im Stadtzentrum gibt, traf ich auf ihn, zufällig.

Ich schoss um die Ecke der Hans-Sachs-Gasse, beladen mit Gemüse und anderen Lebensmitteln, als mich unvermittelt ein mächtiger Klang traf. „Wo ist denn hier eine Orgel?", dachte ich unwillkürlich, „die Stadtpfarrkirche ist ja weit weg!" Ich blieb ruckartig stehen und sah mich um. Da saß ein Mann auf einem Schemel und spielte Musik von Johann Sebastian Bach auf einem Akkordeon. Einem Akkordeon! Und es klang wie eine Orgel. Unglaublich. So perfekt. Wunderschön.

Ich ließ ein paar Münzen in das Körbchen gleiten und eilte weiter. Als ich schon am Ende der Gasse angelangt war, folgte mir plötzlich ein gewaltiger Klang nach. Die ersten Töne von Bachs „Toccata", klar und scharf gespielt, drängend, laut. Es fühlte sich an wie ein eindringlicher Ruf. Ich bremste jäh ab, zögerte, blieb stehen. Horchte konzentriert. Dann atmete ich behutsam aus, drehte mich um und ging langsam zurück, zurück zur Musik.

Und dann?
Wochenlang erschien ich pünktlich wie zu einem Konzerttermin vor dem Akkordeonspieler. Ob in der Sporgasse, in der Stempfergasse, der Hans-Sachs-Gasse oder vor dem Kastner & Öhler in der Sackstraße, ich

war da. Sein Repertoire war schier unglaublich. Normalerweise haben Straßenmusiker fünf, sechs Stücke auf Lager, die sie gut beherrschen. Mehr ist nicht nötig. Die Menschenmenge fließt vorüber, keiner bleibt für mehr als ein, zwei Musikstücke stehen. Aber hier! Das war keine Straßenmusik, das war Konzertmusik auf Spitzenniveau. Ich hörte die Musik sämtlicher großer Barockkomponisten, alle „Jahreszeiten" von Vivaldi, ich hörte melancholische Tangos, federleichte Walzer, osteuropäische Volksweisen, bekannte Opernarien und so rasende Polkas, dass ich fürchtete, mein Herz würde stehenbleiben. Die Musik, die zu mir herüberströmte, fühlte sich an, als wäre sie geradewegs vom Himmel heruntergefallen.

„Sei doch nicht so kitschig!", rügte mich eine Freundin, als ich ihr davon erzählte. Aber haargenau so empfand ich es. Als käme die Musik von weit her, von einem Ort, zu dem wir tief in uns eine Erinnerung tragen, eine tief eingegrabene Spur, die durch nichts überschreibbar, durch nichts auslöschbar ist.

Plötzlich begannen unzählige Leute, mir von dem Akkordeonspieler zu erzählen. „Ah, das ist Vitaliy!", rief meine Schwester aus, als ich sie fragte, wer das war. „Er spielt seit mindestens 15 Jahren hier. Und fantastische Solokonzerte gibt er auch!" Ach! Woher hätte ich das wissen sollen? Ich war viele Jahre fort gewesen.

Andere traten beim Zuhören an mich heran und begannen begeistert zu erzählen.

„Aus der Ukraine kommt er."

„Er spielt wunderbar!"

„Wir freuen uns immer schon auf ihn!"

„Seine Konzerte sind großartig!"

Und stets bedankten sie sich liebevoll beim Musiker, bevor sie Geld in sein Körbchen legten.

Ich begann zu begreifen, dass dieser Mann uns etwas schenkte, etwas, das mir nicht gelingen wollte zu beschreiben. Als ich einmal wagte, einen Zuhörer zu fragen, wie er sich bei dieser Musik fühlte, war die Antwort ein schlichtes: „Ich…weiß nicht. Mir fehlen einfach die Worte." Tja. Mir auch. Wie beschreibt man Hingabe?

Ich habe mehr als zwanzig Jahre in der Nähe von Wien gelebt und unzählige großartige Musikerinnen und Musiker in den Konzertsälen der Bundeshauptstadt gehört. Wien gilt als Welthauptstadt der klassischen Musik. Jeder, der hier engagiert wird, gehört zur Spitzenklasse. In den vielen Jahren meiner Konzertbesuche hatte ich gelernt zu erkennen, wann echte Virtuosen auf der Bühne standen. Solche, die nicht nur technisch perfekt waren, sondern auch mit ihren Herzen musizierten. Die sich etwas Größerem ergaben und dieses durch sich hindurch ins Publikum fließen ließen.

Vitaliy aus der Ukraine, der in Graz für uns spielte, konnte sich mit jedem dieser Spitzenmusiker messen. Was war das für ein unglaubliches Geschenk, das der Künstler uns machte!

Ich zermarterte mir das Hirn, wie ich mich jenseits der Geldspende für dieses großartige Geschenk bedanken könnte. Wie nur? Wie? Wie konnte man sich bei jemandem, der sich verschenkte, angemessen bedanken? Irgendwann formierte sich in meinem Kopf die Idee, ich könnte es auf die einzige Weise tun, die ich gut kann. Ich könnte darüber schreiben. Ich könnte die Geschichte des ukrainischen Akkordeonvirtuosen, internationalen Preisträgers und Weltklassemusikers Vitaliy Patsyurkovskyy aufschreiben.

Daher wird nun eine Geschichte erzählt, die aus einem ganz besonderen Stoff gewoben wurde – aus der Hingabe eines Musikers und der Dankbarkeit einer Schriftstellerin. Eine Komposition über einen Musiker und seine Musik, die nicht aus Tönen, sondern aus Worten besteht. Die Geschichte des Vitaliy Patsyurkovskyy. Sie wurde für alle geschrieben, die Musik lieben.

Für Sie, liebe Leserin, lieber Leser.
Ihre Rena Reisch

**Wer sich in den Zauber einer Reise
ins Ungewisse hineinfallen lässt,
wird mitunter reich belohnt.**

Die Reise.
Oder:
Wie liest man dieses Buch?

Manche Reisen sind klar vorgezeichnet, das Ziel soll schnell und direkt erreicht werden. Für den Weg soll möglichst wenig Zeit und Energie verschwendet werden. Man kommt schnell an, doch von der Landschaft hat man kaum etwas bemerkt. Man hat auch sonst nichts erlebt, musste sich keinen Herausforderungen stellen, erlebte keine Höhepunkte, verirrte sich nicht auf verschlungenen Pfaden, lernte keine neuen Lektionen.

Wer sich jedoch in den Zauber einer Reise ins Ungewisse hineinfallen lässt, wird mitunter reich belohnt. Manche dieser Reisen tritt man am besten allein an, andere wiederum sind aufregender, wenn man jemanden hat, der einen begleitet.

„Der stille Virtuose. Eine Reise durch die magische Musikwelt des Vitaliy Patsyurkovskyy" war wie eine Reise ins Ungewisse, auf die sich zwei Menschen verständigten – der Musiker und die Schriftstellerin. Keiner von ihnen wusste, wohin sie die Reise führen würde. Beide sind erfahrene Reisende und gerne unterwegs, wenn auch auf unterschiedlichen Pfaden.

„Normalerweise reise ich am liebsten allein", sagt die Autorin über sich. „Hier jedoch war ich die Reisebegleiterin, die mit dem Künstler durch seine Welt der Musik reiste. Es war wie eine Reise in eine andere Welt. Faszinierend. Magisch."

Das vorliegende Buch ist wie ein großes, langes Gespräch über das Leben des Akkordeonvirtuosen Vitaliy Patsyurkovskyy zu lesen, das von der Autorin als fiktive „Ich"-Person geleitet wird. Die vielen Gespräche, aus denen die Geschichte entstand, fanden tatsächlich statt – als persönliche Interviews, Telefonate, Gespräche mit Freunden des Künstlers sowie anderen Recherchen.

Die Fäden, aus denen die Erzählung besteht, wurden zu einem feinen, bunten Stoff verwoben: Es sind die Lebensstationen des Musikers, sein besonderer Zugang zur Musik, seine Gedankenwelt, seine Virtuosität, sein Charisma und viele „Nachdenk-Fragen", die wir uns immer wieder stellen und die vielleicht hier und dort im Buch beantwortet werden.

Jedes der 33 Kapitel ist eine Einheit für sich. Man kann sie einzeln lesen oder als zusammenhängende Geschichte oder wie ein Musikstück, das zwischendurch immer wieder Pausen braucht. Man kann sich vom Fluss der Worte davontragen lassen oder über einzelnen Überlegungen verweilen, nachsinnen, reflektieren.

Was immer Sie wollen, liebe Leserin, lieber Leser. Das Buch, die Geschichte gehört nun Ihnen.

„Was ist das für ein Mensch,
der so spielen kann?
Als würde die Musik vom
Himmel herunterkommen?"

Auf das Handy scannen und hören:
Johann Sebastian Bach. Toccata in D-Moll, BWV 565

KAPITEL 1

„Wer ist das?"

Es ist Advent. Die Grazer Innenstadt glänzt hell erleuchtet, die neue Weihnachtsbeleuchtung ist da. Man hat sich von den kopfüber aufgehängten Christbäumen getrennt, die viele Jahre lang als Adventschmuck dienten und das vorweihnachtliche Graz in eine besinnliche Stimmung bringen sollten.

„Endlich mal was Neues!", murmelt ein Passant erfreut, zückt sein Handy und fotografiert begeistert die hell blinkenden Leuchtbänder, die quer über die Herrengasse gespannt sind. Die Stimmung ist überbordend fröhlich. Massen von Besuchern wälzen sich durch die Fußgängerzone, Glühwein und Punsch fließen in Strömen und an jeder Ecke flötet, trompetet, jault, krächzt oder trommelt irgendjemand ein Weihnachtslied. Die Straßenmusiker haben Hochsaison, hier und jetzt ist das große Geld zu holen.

Ein Bläsertrio versucht einem Celloquartett das Publikum durch Lautstärke abspenstig zu machen, aber die Cellisten setzen sich durch – sie spielen gefühlvoller und nehmen mehr Raum ein. „Die Menge macht's", sagt eine junge Frau halblaut zu ihrer Freundin, während sie in ihrer Geldbörse nach Münzen sucht. Diese mustert die Cellospieler aufmerksam und bemerkt augenzwinkernd: „Und fescher sind sie auch!" Die beiden jungen Frauen werfen ein paar Münzen in den Instrumentenkoffer und ziehen kichernd davon. Nicht weit entfernt üben zwei Klarinetten-Studentinnen öffentlich Weihnachtslieder und bekommen Mitleidsgeld. Der Harfenspieler bei der Weihnachtskrippe hat sich ohnehin den besten Platz gesichert. Buchstäblich jeder, der die Eiskrippe im Landhaushof bewundert, wirft Geld in seinen Beutel, der von Abend zu Abend schwerer gefüllt ist. Sogar den Falschsängern in der Sporgasse gibt man etwas und der Saxophonspieler, der vor der Stadtpfarrkirche ein einziges Weihnachtslied in Dauerschleife bläst, wird ebenfalls belohnt.

Die Menschen sind großzügig in diesem Advent. Zu lange hatte man –

coronabedingt – auf das Vergnügen einer Adventstimmung in der Innenstadt verzichten müssen. In den Hüten und Instrumentenkoffern liegen bergeweise Münzen, auch viele Scheine. Obwohl, manchen Musikanten möchte man Geld geben, damit sie endlich aufhören zu spielen.

In den Seitengassen geht es ruhiger zu, hier fließt der Menschenstrom gemächlicher. Man geht langsamer, die Hände tief in den Jackentaschen vergraben, die Köpfe warm eingepackt gegen die Kälte. Das große Geschiebe und Gedränge findet draußen in der Herrengasse statt. „Die Seitengassen sind besser", sagt einer in sein Telefon, als er jemanden zu einem Treffpunkt lotst, „hier können wir uns in Ruhe unterhalten und werden nicht dauernd angerempelt. Treffen wir uns beim Frankowitsch in der Stempfergasse."

Dort, am Ende der Stempfergasse, lehnt eine Frau an der Hausmauer und weint. Daneben stehen fünf, sechs Passanten und schlucken, ein paar wischen sich verstohlen über die Augen. Ein junger Mann prescht auf seinem Fahrrad heran und wirft es so achtlos zur Seite, dass es laut scheppert. „Ich habe die Musik schon von weitem gehört und bin hergeradelt, so schnell ich konnte", keucht er, während er seine Geldtasche aus der Jacke reißt, um einen Schein herauszuholen. „Winter von Antonio Vivaldi, mein Lieblingsstück."

Dann verharrt er regungslos und hört einem einsamen Akkordeonspieler zu, der erhabene feierliche Barockmusik aus seinem Instrument strömen lässt. Die Musik fließt zart und doch mächtig aus dem Akkordeon, perfekt in Intonation, Fülle und Weichheit. Die Finger des Musikers fliegen über das Instrument, so schnell, dass es kaum wahrnehmbar ist. Die Töne, die sich in die Luft erheben, schweben so zart und rein durch die Gasse, als würde ein Gott der Musik auf diesem Instrument spielen.

Niemand rührt sich, keiner macht auch nur die geringste Bewegung. Die Frau an der Hausmauer lässt ihre Tränen ungehemmt über ihr Gesicht fließen. Auch hier kein Laut, kein Schniefen. Es ist, als würde ein gewaltiger Zauberbann über den Zuhörern liegen.

Der hochgewachsene Musiker sitzt auf einem winzigen Klapphocker, das schwere Akkordeon umgeschnallt, die Finger rot vor Kälte, Mütze auf dem Kopf, Bergschuhe an den Füßen. Neben ihm der Instrumentenkoffer und ein kleines Körbchen für Geld. Es ist ein Bild der Bescheidenheit. Ein Bild der Hingabe an uns Menschen von Graz. Es zieht furchtbar in der dunklen Stempfergasse und es hat Minusgrade. Es ist ein bitterkalter Dezemberabend.

Die Musik von Vivaldi verklingt mit einem gehauchten Akkord. Die Menschen erwachen aus ihrer Regungslosigkeit, lächeln glücklich und bedanken sich herzlich beim Virtuosen. Scheine und Münzen segeln in das Körbchen. Die Frau an der Mauer wischt sich die Tränen ab und lächelt ebenfalls.

„Was ist denn hier los?", fragt ein Mann seine Frau, als sie Hand in Hand vorbeischlendern. „Keine Ahnung", erwidert diese, „aber lass uns mal stehen bleiben und zuhören." Sie zurrt ihren Schal fest und zieht die Kapuze hoch. „Saukalt ist es hier!" Ihr Mann nickt, zieht ebenfalls seinen Mantelkragen hoch und murmelt leise, während er einen teilnahmsvollen Blick auf den Akkordeonspieler wirft: „Das würde ich mir niemals antun, bei dieser Kälte!"

Das Akkordeon braust wieder auf, mächtig wie eine Orgel, und erfüllt die ganze Gasse. „Was ist das für eine Wahnsinnsmusik?" Die Frau packt die Hand ihres Mannes fester. „So etwas habe ich noch nie gehört." Sie lauscht fassungslos und man kann förmlich zusehen, wie die Musik in ihr Herz sickert. Ihre Augen werden weit und sie lehnt sich an ihren Mann. „Das ist wunderschön!"
„Musik von Johann Sebastian Bach", hilft ein junger Mann aus, der offenbar etwas davon versteht und dem Kreis der Zuhörer angehört, der sich nun um den Akkordeonspieler gebildet hat. „Große Barockmusik."

Würdevolle weihnachtliche Feierlichkeit beginnt sich langsam in der Gasse auszubreiten, so, als befände man sich in einer riesigen Kirche. Selbst die Gäste von „Delikatessen Frankowitsch", die vor dem Lokal sitzen und fröhlich laut Alkohol und Brötchen konsumieren, werden leiser und immer leiser. Und dann ist es auf einmal vollkommen still in der Grazer Stempfergasse, während eine gigantische Musik durch die Gasse rauscht, mächtig, erhaben, herzberührend.

„Was ist das für ein Mensch, der so spielen kann? Als würde die Musik vom Himmel herunterkommen?" Die Frau sieht ihren Mann fragend an. „Wer ist das?" Dieser hebt hilflos die Schultern. „Keine Ahnung. Wieso spielt er denn auf der Straße und nicht in einem Konzertsaal?" Und dann: „Ich weiß nicht, wer das ist."

Ein weiterer Schein findet seinen Weg in das Geldkörbchen und der Akkordeonspieler bedankt sich höflich. Jemand bietet dem Künstler Handschuhe an, damit er seine eisigen Finger wärmen kann. Der lehnt ab. „Es sind die Knöpfe des Akkordeons, die meine Finger so kalt machen. Da helfen leider keine Handschuhe."

Die Frau hat ihren Mann mit sich gezogen und beugt sich zu dem Mann auf dem Hocker hinunter. „Wer sind Sie?", fragt sie mit glänzenden Augen. „Ich habe noch nie jemanden so wunderbare Musik spielen gehört." Der Akkordeonspieler lächelt leise, während er sich die Hände unter den Körper schiebt, um sie zu wärmen. „Ich bin Vitaliy Patsyurkovskyy. Aus der Ukraine. Ich spiele seit 20 Jahren in Graz."

**Aus der Ukraine durch Deutschland,
Italien und Österreich nach Polen.
Was für ein Lebensweg.**

KAPITEL 2

Wer ist Vitaly Patsyurkovskyy?

„Patsyurkovskyys Konzertrepertoir umfasst in Bearbeitung für Akkordeon Werke von J. S. Bach, D. Scarlatti, A. Vivaldi, W. A. Mozart, F. Kreisler, A. Piazolla oder J. Strauß. Der Virtuose, der auch Gast der Salzburger Bachgesellschaft war, beeindruckt mit seiner brillanten Technik und seiner überbordenden Musikalität, spielt er doch Orchester- oder Orgelwerke von Bach oder Vivaldi, als ob sie für Akkordeon komponiert worden wären. Neben Stücken, die er auf seinem 15 Register umfassenden Akkordeon interpretiert, fasziniert er sein Publikum auch auf dem Bandoneon mit Tango oder Walzer. Die Grazer Bevölkerung kommt im Sommer öfter in den Genuss, Vitaliy Patsyurkovskyy als Straßenmusiker konzertieren zu hören. Mit diesen Auftritten sichert sich der hochdekorierte Musiker sein finanzielles Überleben in seiner Heimat, welches trotz Lehrtätigkeit sonst nicht möglich wäre", liest man in einem Pressebericht der eisenerZ*ART.

„Sein Akkordeon ersetzt ein ganzes Orchester!" Die Rede ist von Vitaliy Patsyurkovskyy, jenem Musikprofessor aus Lwiw in der Ukraine, der bereits 2010 und 2013 das hiesige Publikum zu Begeisterungsstürmen veranlasste. Jetzt ist er – mittlerweile in Polen lebend – auf Einladung des Kulturforums Südburgenland wieder zu Gast in der Region. Am Samstag, den 16. Juli wird er in der wunderbaren Wallfahrtskirche „Maria Weinberg" um 20:00 Uhr ein Konzert geben. So haben sie die „Ziehharmonika" noch nie gehört!
Aus: „Kulturgericht. kunst und kultur im burgenland" vom 7. Juli 2022

Vitaliy: „Ich habe seit 2020 die polnische Staatsbürgerschaft und schreibe meinen Namen jetzt anders. Polnisch. Aber ich bin immer noch der Mann mit den vier Ypsilons im Namen. Vitaliy Patsyurkovskyy. Das bleibt mein Künstlername und so werde ich auch im Internet gefunden."

Aus der Ukraine durch Deutschland, Italien und Österreich nach Polen. Was für ein Lebensweg!

„Ich bin in Lemberg, in Lwiw, in der Ukraine aufgewachsen. Meine Eltern haben dort ein Haus in der Nähe vom Flughafen. Ich habe noch zwei Schwestern, eine ältere und eine jüngere. Ich bin der Einzige in der Familie, der ein Instrument spielt. Meine Mutter war es, die mich zum Akkordeon gebracht hat. Du sollst es besser haben als wir, sagte sie. Wenn du Musiker bist, brauchst du nicht in der Fabrik zu arbeiten." Die Mutter, klein, mollig und sehr musikalisch, singt gerne. Der Vater, so groß wie Vitaliy und ein bisschen kräftiger, ist Berufskraftfahrer.

Der einzige Sohn der Familie wird dazu gedrängt, Musiker zu werden? Das klingt für westeuropäische Ohren doch ein wenig ungewöhnlich. Vor 50 Jahren galt der Beruf des Musikers bei uns in Österreich als nicht erstrebenswert. „Das ist nix G'scheites. Lern' was Ordentliches, Klavierspielen kannst du auch in deiner Freizeit", von solchen und ähnlichen Aussagen berichten viele, die liebend gerne Musik studiert hätten, jedoch in eine Karriere als Anwalt, Betriebswirt oder Banker gedrängt wurden.

In der damaligen russischen Ukraine jedoch gingen die Uhren anders. Im Jahr 1968, als Vitaliy Patsyurkovskyy geboren wurde, war der sowjetische Satellitenstaat ganz dem kommunistischen Gesellschaftssystem verhaftet. So hatten beispielsweise jedes Dorf und jede große Fabrik eigene Kulturabteilungen, in denen die Menschen nach ihrer Arbeit musizieren, tanzen, singen oder sich sonst wie kulturell vergnügen konnten. Es gab regelmäßige kulturelle Veranstaltungen, hauptsächlich mit Musik. In Musikfachschulen wurden Musiker eigens dafür ausgebildet und der Beruf eines Volksmusikers galt als hochangesehen.

„Ich war für unzählige solcher Veranstaltungen engagiert worden", erinnert sich Vitaliy, „oft zusammen mit anderen Musikern oder mit Sängerinnen, die ich erst kurz vor Veranstaltungsbeginn zum ersten Mal gesehen hatte. Wir hatten keine Zeit für Proben, wir haben vom Fleck weg musiziert. Wir wussten oft nicht, was wir als Nächstes spielen würden. Oft mussten wir an einem Abend bei mehreren Veranstaltungen spielen.

Es war immer ein bisschen chaotisch."

Mit dem Unruhigen, dem Ständig-Unterwegs-Sein ist er aufgewachsen. „Mein Vater hatte oft in der Ostukraine zu tun, wir hatten auch Verwandte in der Nähe von Kiew. Ich bin immer mit ihm mitgefahren und wir haben von dort Gemüse und Obst mit nach Hause genommen und für den Winter haltbar gemacht."

Die wirtschaftlichen Verhältnisse in der Ukraine waren immer schon prekär. „Zu Hause habe ich viel gearbeitet und meinem Vater geholfen. Ich habe Ziegel geschleppt, Elektrik repariert, am Haus herumgebaut, betoniert. Ich habe immer manuell gearbeitet und jeder hat sich gefragt, wie ich mit diesen Händen Akkordeon spielen kann."

Vitaliy war noch Volksschüler, als seine Eltern entschieden, dass er Akkordeon lernen sollte. „Ich wusste gar nicht, welches Instrument das ist. Ich dachte, es wäre ein Schlagzeug." Vitaliy lacht, als er sich erinnert. „Als ich dann das kleine Akkordeon sah, dachte ich, dass dies noch besser als ein Schlagzeug sei. Hier konnte ich richtige Melodien spielen, ich konnte begleiten oder solo spielen. Es gefiel mir sehr."

Die ersten Jahre als Akkordeonschüler waren schwierig, Vitaliy sagt von sich selbst, dass er ein schlechter Schüler war. Aber er wollte es unbedingt können, also übte er stundenlang, zuerst mit der rechten Hand, dann mit der linken, dann beide zusammen. Etüden, Etüden, Etüden.

„Ich habe mich sehr geplagt", gesteht er, „und die Lehrerin war schon ganz verzweifelt." Nach zwei Jahren ging es besser und Vitaliy besuchte zunächst eine Musikschule, dann die vierjährige Musikfachschule, die in der Ukraine auch Musikberufsschule genannt wird.

Lemberg/Lwiw war schon immer bekannt für seine ausgezeichneten Musikschulen und Vitaliy fand hier ein höchst inspirierendes Umfeld. „Das Musikstudium war schwer, aber auch sehr begeisternd. Ich war von halb neun Uhr morgens bis zehn Uhr abends in der Schule. Wir mussten üben, üben, üben, und wir hatten zu wenig Übungsräume. Wir übten im Keller, auf dem Gang, überall. Manchmal blieb ich bis nach 22 Uhr, weil ich dann bessere Übungsräume hatte. Ich lernte auch Klavier, sang im Chor und spielte im Orchester. Wir mussten an Wettbewerben teilnehmen, viele habe ich gewonnen. Leider gab es damals noch kein Internet und wir wussten oft nicht, welche Wettbewerbe überhaupt ausgeschrieben waren. Für eine gute Ausbildung ist es wichtig, dass du ständig herausgefordert wirst und von Anfang an gute Lehrer hast."

Die hatte er, auch solche, die internationale Preisträger waren. „Die Herausforderung war immer sehr wichtig und motivierend für mich. Das Publikum, die Eltern, die Professoren, all das hat mich stets beflügelt, immer noch besser zu werden." Nach vier Jahren Studium an der Musikfachschule gab er ein großes Solokonzert vor mehr als 100 Personen, bei dem alle seine Professoren, viele Studenten und seine Eltern anwesend waren. Danach wurde er am Konservatorium in Lemberg als Student aufgenommen.

„Und dann kam das Militär." Vitaliys Stimme wird dunkler, als er davon erzählt. Der Militärdienst in der Ukraine dauert zwei Jahre und Vitaliy wurde den Fallschirmspringern zugewiesen. „Ich habe Höhenangst. Die Zuweisung war eine Katastrophe für mich." Er seufzt.

„Aber ich hatte Glück. Ich versäumte einen Bus, kam zu spät, und ein anderer wurde statt mir bei den Fallschirmspringern aufgenommen. Ich kam in eine andere Abteilung. Für Studenten dauerte der Militärdienst nur ein Jahr, weil wir zu wertvoll für das System waren. Nach einem Jahr Militärdienst durfte ich wieder zu meinem Musikstudium zurückkehren."

Manchmal ist es von Vorteil, zu spät zu kommen.

Danach studierte Vitaliy sechs Jahre an der Musikhochschule in Lemberg und schloss sein Studium mit einem akademischen Titel ab, der bei uns in Österreich dem akademischen Titel Mag. art., also einem Magister Artium, entsprechen würde.

„Außerdem bin ich Kleindirigent", Vitaliy grinst fröhlich, „Ich habe ein Zertifikat, das mich auch zum Dirigieren kleiner Orchester befähigt. Für dieses Zertifikat habe ich ein sechstes Jahr am Konservatorium studiert. Zusätzlich besitze ich ein weiteres Zertifikat, das mich als Konzertakkordeonist ausweist. Das ist etwas Besonderes, denn nicht alle Akkordeonisten können Konzerte spielen. Dies erfordert viel Kraft, viel Geduld und immer ein gutes Programm. Viele haben Angst vor der Bühne. Viele Musiker trauen sich nur im Schutz des Orchesters auf die Bühne."

Mehr als fünfzehn Jahre lang hat Vitaliy Patsyurkovskyy Musik studiert und hart daran gearbeitet, um zu jener Virtuosität zu gelangen, die ihn heute auszeichnet. Er ruht vollkommen sicher im Zentrum seiner Gabe und kann sich mühelos an uns verschenken.

„Ich begann, an der Fachschule für Kunst und Kultur in Lemberg als Professor für Akkordeon zu unterrichten und leitete ein eigenes Orchester. Als ich zusammen mit einem Kinderchor und Orchester zu einer Konzertreise nach Frankreich eingeladen wurde, kam ich das erste Mal in den Westen." Vitaliys Augen beginnen zu glänzen. „Ich war überwältigt. Alles war so schön, so sauber. Die Häuser waren so groß, die Fassaden so prächtig, die Straßen so breit. Ich wähnte mich im Paradies. Ich war unglücklich, als ich wieder zurückmusste. Seither komme ich immer wieder."

Als der große internationale Akkordeonwettbewerb in Genf ausgeschrieben wird, beginnt sich Vitaliy Patsyurkovskyy darauf vorzubereiten – zwei Jahre lang. Im Jahr 2000 erringt er souverän die Goldmedaille des Grand Prix für Akkordeon – sein erster internationaler Preis. „Es hat Sterne auf mich geregnet."

Danach kommt er immer wieder nach Europa, um mit Konzerten und Auftritten sein wirtschaftliches Überleben in der Ukraine zu sichern. Seit 2016 lebt der Künstler mit Frau und Tochter in Polen, seit 2020 besitzen alle drei die polnische Staatsbürgerschaft. Sie sind EU-Bürger geworden.

„Das hat er gut gemacht!" Hilde Sichler aus Graz, eine langjährige Unterstützerin Vitaliys, nickt zufrieden, als ich ihr davon erzähle. „Das hat er gut gemacht!"

„Er spielt gar nicht für Geld.
Er spielt auch nicht für die Leute.
Er spielt für die Musik."

KAPITEL 3

„Warum spielen Sie auf der Straße?"

„Ich bin kein Straßenmusikant." Vitaliy sagt das mit einer Stimme, die ich noch nie an ihm gehört habe. Entschieden, energisch. Nein, denke ich, das bist du tatsächlich nicht. Du bist ein begnadeter Künstler und lässt uns an deiner Gabe zum Nulltarif teilhaben.
„Aber warum spielen Sie dann auf der Straße?"
    Vitaliy lacht. „Ich habe sehr viele Freunde in Graz und viele von ihnen schimpfen mit mir, weil ich auf der Straße spiele. Das ist unter meinem Niveau sagen sie, ich soll das nicht tun." Er lacht wieder. „Aber ich will das. Ich erhole mich auf der Straße." Seine Stimme wird ernster. „Ich gebe sehr viele Solokonzerte und das ist ungeheuer anstrengend. Ich muss das Programm erstellen, ich spiele mehr als zwei Stunden allein auf der Bühne, oft geht es bis spät in den Abend hinein. Die Leute wollen Zugaben, dann dauert es noch länger. Das Akkordeon ist schwer und wenn die Akustik nicht gut ist, muss ich den Balg sehr stark ziehen. Manchmal spiele ich zwei Konzerte an einem Tag. Ich bin oft unglaublich müde."
    Ich nicke. Meine Recherchen haben ergeben, dass er seit 2002 mehr als 150 öffentliche Solokonzerte in Österreich gegeben hat, nicht mitgerechnet die unzähligen Privatkonzerte und auch nicht die zahllosen Auftritte in Italien und Deutschland. Eine Konzertpianistin, der ich das erzählte, sah mich entgeistert an: „So viele? Das ist ja wahnsinnig anstrengend! Und man muss dafür sehr viel üben."
    Vitaliy Patsyurkovskyy ist ein Mann, der alles gibt und sich nicht schont. Er ist hier, um zu arbeiten und was er tut, grenzt an Schwerarbeit. Hinter all der mühelosen Leichtigkeit und Virtuosität seiner Musik steckt harte Arbeit. Er schweigt eine Weile, dann sagt er leise: „Die Leute bezahlen für die Konzerte. Ich möchte gut spielen, das ist mein Anspruch an mich."
    Sein Blick geht in die Ferne. „Danach will ich nur noch auf die Straße, mich erholen. Dort bin ich frei. Ich liebe die Straße, die Freiheit. Ich kann spielen, was ich will. Ich kann spielen, solange ich will. Ich kann mir

die Plätze aussuchen, wo die Akustik gut ist. Freunde kommen vorbei und reden mit mir. Ich kann neue Stücke üben. Ich kann für das nächste Konzert üben. Ich verkaufe meine CDs. Ich mache Werbung für meine nächsten Konzerte." Er lächelt leicht. „Viele Leute wissen gar nicht, dass ich Konzerte gebe. Dann sehen sie die Ankündigung bei mir und kommen hin. Manche fahren weit, um mich zu hören und sie kommen immer wieder. Das ist schön."

Vitaliys Fanclub ist riesig und zahlreiche Freunde unterstützen ihn großzügig in vielen Belangen, sei es bei der Beschaffung von Unterkunft, der Organisation von Konzerten und vielem mehr. Ich denke an die drei dicken Ordner, die ich für meine Recherchen bekommen habe. Sie sind vollgestopft mit Konzertankündigungen, Presseberichten und Anfragen. Eine Freundin Vitaliys hat diese zusammengestellt und damit eine nahezu lückenlose zwanzigjährige Dokumentation geschaffen. Was für eine Arbeit!

„Außerdem brauche ich die Zeit auf der Straße, um meine Finger wieder geschmeidig zu machen", kommt Vitaliy wieder auf das Thema „Straße" zurück. „Wenn ich im Sommer nach Graz komme, sind meine Hände meistens hart, weil ich zu Hause in Polen viel gearbeitet habe. Einmal hatte ich ganz breite Finger vom Betonieren bei meinem Haus." Er lacht. „Es hat damals länger gedauert als sonst, bis sie wieder geschmeidig waren, dass ich Konzerte spielen konnte."

Ich starre auf seine Finger, die federleicht über das Akkordeon fliegen und versuche, mir breite Betonfinger vorzustellen. Es gelingt mir nicht. Insgeheim bin ich erschrocken darüber, wie unbekümmert dieser Mann mit seinen Werkzeugen, seinen Händen, umgeht. Die Hände sind das wichtigste Werkzeug vieler Berufsmusiker.

Mir fällt die tragische Geschichte des Ersten Geigers eines Weltklasseorchesters ein, der in den Tod stürzte, weil er seine Hände schützte. Der Musiker rutschte auf einem Wanderweg ab und fiel einen Abhang hinunter. Anstatt sich mit den Händen an Felsen oder Sträuchern festzuklammern, folgte er dem tief eingefrästen Reflex, seine Hände, sein wertvollstes Gut, zu schützen und riss diese hoch.

„Bitte pass auf deine Hände auf", murmele ich ganz leise, aber er hört mich zum Glück nicht. Er hat soeben den *Libertango* angestimmt, Piazzollas berühmtesten Tango. Während die Musik immer kraftvoller und volltönender wird und sich wie Wellen immer höher bäumt, beginnt die Menschenmenge, sich zu versammeln. Ich blicke in erwartungsvolle Gesichter, die sich alsbald in glückliche verwandeln. Es ist, als würde der Künstler mit der Schwingung seiner Musik die Energieschwingungen der Zuhörer erhöhen.

„Warum spielt er auf der Straße und nicht in einem Konzertsaal?", fragt mich der Mann neben mir halblaut. Ich schaue hoch und sehe pure Freude aus den Gesichtern leuchten. „Deshalb", sage ich zu dem Mann und weise mit dem Kopf auf die Menschenmenge. „Deshalb." Der Mann sieht aufmerksam hin, hört das Stück zu Ende, dann dreht er sich zu mir herum und sagt so erstaunt, als hätte ihn der Blitz der Erkenntnis getroffen: „Er spielt gar nicht für Geld. Er spielt auch nicht für die Leute. Er spielt für die Musik."

„In der Sporgasse und in der Stempfergasse kämpfe ich öfters gegen die Vögel. Wenn ich spiele, singen sie so laut, dass ich dagegen fast nicht ankomme. Die Leute können meine Musik kaum hören. Wenn ich aufhöre, hören auch sie auf."

KAPITEL 4

Abenteuerspielplatz Straße

Straßenmusik hat längst den Geruch von Armut und Bettelei verloren. Vorbei sind die Zeiten der Panflöten-Combos und der Gitarrenklampfer, die sich mühsam auf der Straße ein bisschen Geld verdienten. Heute ist Straßenmusik auf hohem Niveau. Studentinnen und Studenten der Musikuniversität spielen auf, Orchestermusikerinnen, Musiklehrer, Jazzmusiker, Profi-Sängerinnen und -Sänger. Und sollte einmal mittelmäßige Qualität geboten werden, wird dies großzügig verziehen.

Wobei, ein bisschen vermisse ich die Panflöten-Combos aus Mittelamerika, die für einige Jahre das Blut der Anrainer zum Sieden brachten. Sie spielten mit größter Inbrunst so dermaßen falsch, dass es schon wieder witzig war. Und ich erinnere mich an den älteren Geiger aus Rumänien, der in der Grazer Kaiserfeldgasse so erbärmlich auf seinem Instrument herumfidelte, dass die Menschen in den dortigen Büros Geld sammelten, damit er endlich aufhörte. Der schlaue Mann sah dies erfreut als Zusatzeinnahmequelle und folterte weiterhin tagtäglich, nun pünktlicher denn je, seine arme Geige. Einen Fan hatte er jedoch, den einzigen wahrscheinlich: Ein Grazer Berufsmusiker fand sein Gejaule dermaßen schräg, dass er ihn stets mit ein paar Euro belohnte, wenn er bei ihm vorbeikam.

Vitaliy erzählte einmal, dass er vorhatte, in der Pariser Metro zu spielen. Dort dürfen nur die besten Musikerinnen und Musiker spielen, es gibt ein strenges Aufnahmeverfahren. Andere Länder, andere Sitten.

Die Grazer Straßenmusikverordnung, die festlegte, wie lange Musiker wo spielen dürfen, kam im Jahr 2012. Eine Insiderin erzählte mir, dass die Anrainer diese sehnlichst erwartete Regelung mit Hunderten Litern von Sekt gefeiert hatten.

Die Verordnung besagt, dass Straßenmusik an den öffentlichen Orten im Grazer Stadtgebiet nur von Einzelpersonen oder Gruppen bis zu fünf Personen dargeboten werden darf. Verstärkeranlagen dürfen nicht verwendet werden. Nach dreißig Minuten muss der Platz gewechselt werden, wobei der neue Platz mindestens hundert Meter vom alten entfernt sein muss. Der „alte" Platz hat zudem eine Ruhezeit von dreißig Minuten, das heißt, während dieser Zeit darf auch kein anderer Musiker dort spielen. Zu Hauseingängen, Passagen, Geschäftseingängen und gewerblich genutzten Straßenflächen gilt ein Mindestabstand von fünf Metern, der Pflichtabstand zu Schulen, Kirchen und anderen Straßenmusikern und Straßenmusikerinnen beträgt fünfzig Meter. Die Spielzeiten sind von 11–14 Uhr und von 15–21 Uhr limitiert. Die Einhaltung dieser Verordnung wird von der Grazer Ordnungswache und der Polizei kontrolliert und bei Verstößen muss Strafe bezahlt werden.

So viel Begeisterung diese Verordnung bei allen Anrainern auch auslöste, so groß war doch die Bestürzung unter den Straßenmusikern. Es gab Proteste und einmal sogar die viel beachtete „Silent Performance" einer großen Musikantengruppe, die ihre Instrumente „stumm" spielten, um gegen das Fünf-Personen-Limit zu protestieren. Mittlerweile, nach mehr als zehn Jahren, hat sich alles eingespielt und man hält sich an die Regeln.

Vitaliy hat seine knallorange Armbanduhr stets in Sichtweite, um das Dreißig-Minuten-Limit nicht zu überschreiten. Als ich ihn zum Lebensraum und Abenteuerspielplatz „Straße" befrage, beginnen seine Augen zu leuchten und seine Stimme wird hell. Aha, denke ich, auch wenn du dich strikt dagegen verwehrst, als Straßenmusiker bezeichnet zu werden, liebst du es doch, dort zu spielen.

Seine pantomimischen Einlagen auf meine Frage: „Was sagen die Leute immer zu Ihnen, was fragen sie immer?" sind so kabarettreif, dass ich beim Interview beinahe vom Sessel falle vor Lachen. „Ah, Bach! Ah, Vivaldi! Ich habe es gewusst!" „Ah, aus der Ukraine sind Sie!", „Das klingt ja wie eine Orgel!" „Oh, Tango!"

Auch das Verhalten der Ordnungskräfte stellt er dermaßen komisch dar, dass ich Lachtränen weine. Kann es sein, dass sich der stets so ernst und gesammelt wirkende Akkordeonkünstler insgeheim auf der Straße prächtig amüsiert?

„In der Sporgasse und in der Stempfergasse kämpfe ich öfters gegen die Vögel", erzählt er. „Wenn ich spiele, singen sie so laut, dass ich dagegen fast nicht ankomme. Die Leute können meine Musik kaum hören. Wenn ich aufhöre, hören auch sie auf." Er grinst fröhlich. „Entweder singen sie mit oder sie bekämpfen mich. Wahrscheinlich bekämpfen sie mich."

Auch sonst erlebt er allerhand skurrile Momente.
„Einmal stellte mir jemand eine ganze Schachtel mit Frankowitsch-Brötchen hin." Mir läuft das Wasser im Mund zusammen. „Leider waren es Schinkenbrötchen – ich bin Vegetarier, ich esse das nicht."
„Was haben Sie damit gemacht? Weggeworfen??" frage ich entsetzt.
„Nein, ich habe sie dem einen Mann ohne Wohnsitz geschenkt, mit dem ich die ganze Zeit gestritten habe. Seither sind wir gute Freunde."
Das Miteinander auf der Straße ist oft von Problemen geprägt.
„In der Hans-Sachs-Gasse gibt es ein paar schwierige Leute ohne festen Wohnsitz, aber die meisten sind in Ordnung. Einer, ein Pole, wollte immer von mir wissen, wie die Musikstücke heißen. Dann rief er ganz laut durch die Gasse: Bitte Vivaldi spielen! Bitte Bach spielen! und die Leute sind stehengeblieben und haben zugehört. Der Mann war über und über tätowiert und die anderen Wohnsitzlosen haben sich vor ihm gefürchtet. Wenn er da war, hatte ich immer meine Ruhe. Leider habe ich ihn schon länger nicht gesehen."
Kurze Pause. „Aber den, der mein Akkordeon verletzt hat, hätte ich am liebsten geschlagen!"
Ich reiße erschrocken die Augen auf, das Akkordeon – verletzt? Wie das?
„Schlagen? SIE wollten jemanden schlagen??"
„Ja." Zorniges Augenblitzen. „Der Mann kam vorbei und war betrunken. Ich habe gespielt, und er hat herumgeschrien. Dann hat er plötzlich Bier in meinen Balg geschüttet!"
Himmel! Der Balg eines Akkordeons ist aus Karton und empfindlich gegen jegliche Art von Flüssigkeit. Es ist, als würde man Wasser in eine Lunge schütten, denn der Balg ist das, was das Akkordeon atmen lässt. „Ich war so wütend!" Noch heute klirrt Vitaliys Stimme kalt und hart, wenn er davon spricht.
„Was haben Sie gemacht?" frage ich entgeistert.
Er schweigt eine Weile, während er offenbar an diese Szene und an

sein durchnässtes Akkordeon denkt. „Freunde von mir kamen, die Anrainer in der Hans-Sachs-Gasse sind. Sie haben mir geholfen." Er nickt. „Danach war Ruhe. Gut, dass ich so viele Freunde in Graz habe. Auch die anderen Straßenmusiker helfen mir. Einmal gab es Probleme mit einem Gitarristen. Wahrscheinlich war er auf Drogen, so nervös, so gefährlich. Er kam und begann sofort auf meinem Platz zu spielen. Die anderen Straßenmusiker sind alle gekommen und haben mir geholfen. Er musste gehen."

Der Kampf um den Platz – das ist etwas, das zum Alltag von jedem gehört, der auf der Straße spielt. Ich las einmal einen Bericht über Straßenmusik in Berlin. Dort ziehen die Musikanten bereits um sechs Uhr morgens mit ihren Instrumenten und Rollkoffern los, um sich den besten Platz für den Tag zu sichern. Und da glaubt unsereins, das Leben als Straßenmusiker sei leichtlebig und romantisch. Wie wenig Ahnung wir doch haben!

„In der Stempfergasse haben wir um Zentimeter gekämpft." Ich muss ziemlich verständnislos dreingeschaut haben, denn Vitaliy bricht in schallendes Gelächter aus. „Als Frankowitsch eine zweite Tischreihe vor dem Lokal aufstellte, passten unsere Fünf-Meter-Abstände nicht mehr. Die Ordnungswache kam und es gab eine Diskussion. Du musst um die Ecke gehen, sagten sie. Das ist zwar im Prinzip egal, weil die Musik auch um die Ecke klingt. Ich wollte jedoch wissen, wie viele Meter Abstand es nun genau waren. Sie sagten, viereinhalb Meter."

„Bitte messen wir."

„Nein, wir werden nicht messen."

„Ich werde im Magistrat nachfragen."

„Ja, aber bitte schriftlich!"

Vitaliy spielt diese kleine Szene pantomimisch vor und zwischen all dem Gelächter denke ich bei mir, dass er wohl auch als Clown eine sehr gute Figur machen würde. Der Mann hat Humor, auch wenn er ihn gut versteckt. Außerdem besitzt er eine beängstigende Beobachtungsgabe. Und er weiß sich zu helfen. „Ich habe es jemandem erzählt, der meine Musik mag. Danach war Ruhe."

Er lächelt leise. „Graz, das ist meine Familie. Immer ist jemand da, der mir hilft. Einmal habe ich zu lange gespielt, weil die Leute immer noch mehr hören wollten. Die Ordnungswache kam. Dreißig Euro Strafe bitte! Die Leute haben das für mich bezahlt."

„Wissen Sie im Voraus, ob jemand Geld geben wird?", will ich wissen.

„Manchmal. Es hängt von meinem Spiel ab. Wenn ich sehr gut spiele, bekomme ich viel. Einmal hat sogar einer der Bettler eine CD von mir gekauft." Stolz schwingt in seiner Stimme. „Und ich freue mich immer, wenn ich Anerkennung bekomme und den Leuten gefällt, was ich spiele. Das ist für mich ein Ansporn, noch besser zu spielen. Und es ist für mich sehr wichtig, eine gute Akustik zu haben, deshalb spiele ich lieber auf kleinen Straßen. Am liebsten spiele ich am Sonntag, wenn es auf der Straße ruhig ist. Es gibt keine Hektik, die Menschen sind entspannt. Da ist es wie bei einem Konzert. Ich spiele leise und die Musik klingt ganz weit."

Dann erzählt er mir die kleine Geschichte von dem Klarinettenspieler in Prag, der unter einer Brücke spielte, wo nie jemand vorbeikam. „Er spielte nur für sich. Und wenn doch einmal ein Zuhörer vorbeikam, spielte er nur für diesen. Er brauchte niemanden für seine Musik. Er war glücklich."

Nachdenklich betrachte ich den Künstler. Von wem hat er in Wahrheit gesprochen?

„…manchmal lässt du dich von der Musik forttragen in eine andere Welt. Ein paar Sekunden nur, Minuten, von denen du gar nicht genau weißt, wo du warst. Das ist ein spiritueller Raum, eine andere Dimension, jenseits von Körper und Geist."

(Kent Nagano, Dirigent)

Auf das Handy scannen und hören:
P.I. Tschaikowsky. Arabischer Tanz aus dem Ballett „Der Nussknacker"

KAPITEL 5

Geheimnisvolle Räume

„Seine Musik macht mir Freude", „Ich freue mich immer, wenn ich ihn spielen höre", „Welche Freude, ihn zu sehen!", höre ich stets, wenn ich mich im Kreis von Vitaliys Fans umhöre. Sogar die Obdachlosen in der Hans-Sachs-Gasse, die durch das Leben auf der Straße hart und rabiat geworden sind, mögen seine Musik. „Wir warten immer schon auf ihn", gestand mir einer einmal verschämt, „wir freuen uns, wenn er endlich wieder da ist."

Freude. Das ist das Wort, das immer wieder auftaucht. Miteinander geteilte Freude.

Im Yoga heißt es, dass Freude die wahre Natur des Menschen sei. Und schon Augustinus von Hippo (354–430 n. Ch.) wusste: „Die Seele ernährt sich von dem, worüber sie sich freut." Freude ist die höchste aller Energien.

Aber nicht nur die alten Weisheitslehren wissen um die Magie von Freude. Zurzeit befassen sich wissenschaftliche Abhandlungen auffallend häufig mit jener Emotion, die mehr als alles andere ein Lächeln in die Gesichter der Menschen zaubern kann. „Menschen sind soziale Wesen. Das Lächeln der Freude auf einem menschlichen Gesicht ist der wirkungsvollste Stimulus, den es gibt. Es bietet gleichzeitig persönliche und zwischenmenschliche Erfüllung", heißt es in einer Abhandlung über Freude der Universität Wien. Etwas trockener formulierte es ein Neurologe: „Durch das Empfinden von Freude schüttet das Gehirn Glückshormone aus. Das bewirkt, dass Stresshormone abgebaut werden und eine Harmonie im Gehirn stattfindet."

Das ist die wissenschaftliche Erklärung – kurz und strohtrocken. Aber: Wohin begeben wir uns wirklich, wenn wir Musik hören? Was bereitet uns solche Freude? Welche magischen Räume betreten wir? Die Erklärung einer älteren Dame fand ich weitaus bezaubernder als alle Wissenschaft. Sie warf einen dankbaren Blick auf unseren Künstler und flüsterte mir zu: „Musik, das ist die Poesie der Luft. Sie macht das Herz leicht." Und dann noch leiser: „Seine ganz besonders. So fein und ausgewogen, so perfekt in Intonation, Rhythmus und Tempo."

Sie sagte es mit so viel liebevoller Freude, dass ich nicht wusste, was ich darauf hätte antworten sollen. Da gab es nichts mehr zu sagen.

Eine Welt ohne Musik kann sich kaum jemand vorstellen.

Viele Wochen lang ging ich der Frage nach, was Menschen empfinden, wenn sie Musik hören. Ich las die Aussagen großer Musiker und Dirigenten, ich beobachtete Konzertbesucher, ich befragte meinen gesamten Verwandten- und Freundeskreis, ich ging Vitaliys Zuhörerinnen und Zuhörern mit dieser Frage gewaltig auf die Nerven und ich hörte sorgfältig in mich selbst hinein. Das Ergebnis war immer dasselbe: Musik übt einen Zauber aus, der mit Worten offenbar nicht zu fassen ist. Sie führt uns an einen Ort, der außerhalb von uns selbst liegen muss, sonst wären wir nicht so sprachlos, wenn es darum geht, Musik zu beschreiben. Selbst der junge Dirigent Ivan Repušić, Shooting Star an der Berliner Oper, rang nach Worten, als man ihn danach fragte: „Etwas, was man nicht beschreiben kann, was man nur fühlt – das ist Musik."

Musik ist unsere universelle Ausdrucksform, die sich nie ganz greifen lässt. Unsichtbar – aber hörbar. So, als würde sie durch die Luft schweben, als könnten wir sie atmen, als würde sie mit unserem Körper gemeinsam schwingen. Als würden wir in Resonanz mit etwas gehen, das wir nicht sehen, nicht berühren können. Nur hören. Etwas Geheimnisvolles, das uns tief in unserer Seele berührt.

Quer durch die Menschheitsgeschichte scheint es durch alle Kulturräume und Kontinente hindurch ein gemeinsames musikalisches Hintergrundrauschen zu geben, von den archaischen Klangritualen der Frühzeit, der religiös gefärbten Musik des Mittelalters, der großartigen klassischen Musik bis hin zu den atemberaubenden Improvisationen des Jazz. Musik hat es immer schon gegeben. „Wir sind eine musikalische Spezies", behauptet der amerikanische Hirnforscher Aniruddh D. Patel.

Ja, denke ich manchmal, das sind wir, wie beneidenswert! Und wir sollten dies mehr schätzen und uns dem Musikmachen wieder mehr zuwenden. Wieder mehr singen, mehr tanzen, mehr musizieren. Musik macht die Seele leicht, vor allem, wenn man sie selbst erzeugt.

„Wenn ich morgens in der Dusche singe, macht mich das für den ganzen Tag glücklich", erklärte mir mal jemand augenzwinkernd, „obwohl die Nachbarn jedes Mal empört mit den Türen knallen, weil es so laut und so falsch ist." Ich lachte laut, als ich das hörte. „Wie lange singst du denn?" „Nur zehn Minuten, dann bin ich mit dem Duschen fertig."

Zehn Minuten für einen glücklichen Tag, so leicht ist es also.

Und ich fragte mich, weshalb sich die Nachbarn so aufregten. Jeden Tag nur zehn Minuten, dann war die Musik vorbei. Musik ist unsere unmittelbarste und unsere flüchtigste Kunst. An den Augenblick gebunden. Ein Hauch in der Luft – oder ein gewaltiger Paukenschlag. Vergänglich, dennoch.

Ein Gedicht, ein literarischer Text, ein Gemälde, eine Skulptur – all diese Kunstwerke können immer wieder aufs Neue gelesen oder wiederholt betrachtet werden. Sie sind fest in eine Form gegossen, unverrückbar. Eine Komposition jedoch wird stets unterschiedlich und neu interpretiert, mit verschiedenen Musikbesetzungen, in unterschiedlichen Orchestergrößen, in unterschiedlichen Stimmungen, mit unterschiedlichen Virtuosen. Jede einzelne Darbietung ist ein Kunstwerk für sich. Auch in der Dusche. Danach ist sie verklungen und uns bleibt nur der Nachhall und die Erinnerung daran übrig.

Natürlich könnte man jetzt einwenden, dass es Tonträger gibt, wo man Musik nachhören kann. Das stimmt, aber stimmt auch nicht. Die Musik, die für Tonträger produziert wird, ist sorgfältig abgestimmt und perfekt aufbereitet. Modernste Technologien kommen zum Einsatz, damit das Ergebnis ein zufriedenstellendes ist. Das Wesentliche jedoch, die Hingabe der Musizierenden an das Publikum, der Augenblick der miteinander geteilten Freude fehlt bei Studioaufnahmen. Live-Auftritte, Live-Konzerte oder Straßenmusik hingegen sind erlesene Privilegien. Hier erleben wir Künstlerinnen und Künstler im Akt des Musikmachens. In einem Schöpfungsakt. Hier wird nichts von außen gesteuert, hier fließt alles zusammen – die Komposition, der Musiker, seine Virtuosität und Hingabe, das Instrument, das Umfeld, das Publikum.

Es entsteht ein unsichtbarer magischer Raum, der dem Musiker, der Musik und dem Publikum gehört – ganz allein und nur für diesen Moment. Dies ist einzigartig und nicht wiederholbar. Und daher unendlich kostbar.

Der große Dirigent Kent Nagano sprach in einem Interview über Musik von diesem magischen Raum: *„…manchmal lässt du dich von der Musik forttragen in eine andere Welt. Ein paar Sekunden nur, Minuten, von denen du gar nicht genau weißt, wo du warst. Das ist ein spiritueller Raum, eine andere Dimension, jenseits von Körper und Geist."*

Er spricht von jener magischen Aura, die sich über hingebungsvollen Musikern erhebt, ins Publikum hineinströmt und alle in dieses zauberhafte Gespinst hineinwebt.
Musik ist große Magie.

Wie könnte es sonst sein, dass Musikveranstaltungen Fußballstadien füllen, Musikfestivals aus allen Nähten platzen oder Menschenmassen den Schlosspark von Schönbrunn fluten, wenn die Wiener Philharmoniker ihr Frühlingskonzert geben, während es andere kulturelle Veranstaltungen nur auf einen Bruchteil von Besuchern bringen?

Wie könnte man einem außerirdischen Besucher die menschliche Leidenschaft für Rhythmen und Melodien erklären?

Hans Krankl, österreichische Fußballlegende, Trainer und Sänger, gestand in einem Interview für die Radiosendung Ö1 Klassik-Treffpunkt vom 18. März 2023, dass er „verrückt nach Musik" sei. *„Sie fährt ein, aber ich weiß nicht, wie ich es erklären soll…. Ich weiß nicht, was die Seele schwingen lässt."*

Etwas gröber formulierte es der britische Musiker und Komponist Sting anlässlich der Veröffentlichung seines Musikvideos „Shape of my Heart": *„Es gibt nur zwei Religionen: Sex und Musik."*

Und der deutsche Komponist Karlheinz Stockhausen, Pionier der elektronischen Musik, meinte einmal, seine Musik diene der Vorbereitung auf die Ankunft von Wesen von anderen Sternen. Vielleicht. Vielleicht kommen sie wegen unserer Musik. Aber vielleicht ist Musik unsere eigene Eintrittskarte in eine Welt jenseits von Zeit und Raum.

KAPITEL 6

„Welche Sprache ist das?"

Wie keinem anderen gelang es dem berühmten libanesisch-amerikanischen Dichter Khalil Gibran (1883–1931), die Seelen der Menschen mit Worten zu berühren. Mit Worten, die schlicht und ungekünstelt tiefe Wahrheiten verkünden.

Würde man ihn fragen, in welcher Sprache die Musik zu uns spricht, bekäme man zur Antwort:

Als Gott den Menschen schuf, gab er ihm die Musik als Sprache des Himmels und der Herzen. Es ist eine Sprache, die anders ist als alle Sprachen, denn sie offenbart die Geheimnisse der Seele und hält Zwiesprache mit dem Herzen. Sie ist die Sprache der Liebe, die alle Herzen erreicht.

Schon in ältester Zeit stimmten Menschen unter freiem Himmel Lieder an, und in den Palästen der Herrscher wurde musiziert. Mütter, die um ein Kind trauerten, versetzten die Trauerlieder mit ihren Seufzern, und so entstand die Totenklage, die selbst ein Herz aus Stein erweicht. Und der Fröhliche brachte seine Freude in Liedern zum Ausdruck, und es entstanden Hymnen, die den Unglücklichen aufrichten.

Die Musik wirkt wie eine Sonne, die alle Blumen des Feldes mit ihren Strahlen zum Leben erweckt. Sie gleicht einer Lampe, die mit ihrem Licht die Finsternis der Seele vertreibt. Ihre Melodien sind Schatten wirklicher Wesen oder Bilder lebendiger Gefühle. Einem Spiegel gleicht reflektiert die Seele die Ereignisse des Lebens und setzt sie in Klang um.

Die Seele ist wie eine zarte Blume, die von den Stürmen des Geschicks bedroht wird; sie zittert im Morgenwind und neigt ihr Haupt unter dem Gewicht der Tautropfen.

(Aus: The Music, 1905)

„Mein Instrument ist ein chromatisches Knopfakkordeon, ich besitze es seit fast 40 Jahren."

KAPITEL 7

„Wo ist der Magnet?"

„Ist in dieser Musikmaschine irgendwo ein Magnet eingebaut?"
Vitaliy sieht ungläubig hoch, als ihm eine junge Zuhörerin diese Frage zuwirft.
„Warum?"
Die junge Frau lacht und wird ein bisschen rot. „Weil es mich immer herzieht, wenn ich die Musik bereits von weitem höre."
Ich lache auch, hinter vorgehaltener Hand. Nicht nur ihr geht es so. Jener junge Mann, der auf seinem Fahrrad heranbrauste, kommt mir in den Sinn. „Ich habe die Musik schon von weitem gehört und bin gekommen, so schnell ich konnte!" Und ich denke an all die anderen, die geschäftig vorbeieilten, nur um dann plötzlich innezuhalten, umzukehren und der Musik zu lauschen.

Als Vitaliy einmal sein Akkordeon abstellt, um mit Freunden zu plaudern, schleiche ich unauffällig um das Instrument herum, beäuge es misstrauisch. Vielleicht war die Frage der jungen Frau ja berechtigt. Vielleicht ist da tatsächlich etwas. Aber ich kann nichts Außergewöhnliches entdecken. Offenbar ist mein Verhalten seltsam, denn ein Mann, der schon eine Weile zugehört hat, fragt mich neugierig: „Suchen Sie etwas?" Ich erschrecke und murmele überrumpelt: „Den Magneten".

Der Mann sieht mich erstaunt an, dann zieht er mich auf die Seite. „Ich glaube, ich verstehe, was Sie meinen." Er sieht hinüber zum Künstler, der sich noch immer mit seinen Freunden unterhält und nichts von alledem bemerkt. „Ich bin Geigenbauer. Ich erlebe das oft, wenn ein Musiker mit seiner Geige zum ersten Mal in einen Dialog tritt und mit ihr in einer anderen Welt versinkt. Wenn die beiden zu einem untrennbaren Ganzen werden."

Sein Blick geht in die Ferne.
„Es ist dieser einzigartige Klang, der sich in der vollkommenen Einheit zwischen Instrument und Musiker entfaltet. Das ist es, was die Zuhörer

bis in die Herzen berührt und sie magnetisch anzieht." Er lächelt mich verschämt an. „Bitte verzeihen Sie. Ich wollte nicht so tiefsinnig werden." Ich schüttle den Kopf. „Kein Problem. Das ist sehr interessant. So habe ich das noch nie gesehen." Die vollkommene Einheit, wie wunderschön das klingt!

Vitaliy ist inzwischen auf seinen Hocker zurückgekehrt und schnallt sich sein Instrument wieder um. Zwei breite Ledergürtel um die Schultern, ein weiterer quer über den Rücken. Das mächtige Akkordeon ruht fest an seiner Brust.

Ich drehe mich zum Geigenbauer um. „Gibt es eigentlich ein Instrument, das man noch näher am Herzen trägt als ein Akkordeon?" „Nein, kein anderes. Die Herzschwingungen des Musikers fließen ungebremst ins Instrument und die Klänge des Instruments in seinen Körper. Direkt." Dann zwinkert er mir verwegen zu. „Er hält seine Geliebte immer fest in seinen Armen."

Du meine Güte! So etwas kann auch nur ein Mann sagen!

Als ich Vitaliy später zu seinem Akkordeon befrage, werde ich umfassend aufgeklärt.

„Es ist ein chromatisches Konzertakkordeon und ich besitze es seit 35 Jahren." Ich blicke erstaunt auf das Instrument. Es sieht zwar tatsächlich ein bisschen abgewetzt aus, aber an 35 Jahre hätte ich nicht gedacht. Er sieht meinen skeptischen Blick. „Die Zelluloid-Verkleidung ist nicht mehr so schön", sagt er entschuldigend, „Wasser, Sonne und Wetter haben sie ausgebleicht."

Ich nicke. „Welche hatten Sie vorher? Sie spielen ja seit Ihrem achten Lebensjahr."

Vitaliy öffnet eine Internetseite und zeigt mir die beiden Vorgängermodelle, ein kleines, hübsch verziertes Kinderakkordeon und das ebenfalls sehr schön gestaltete Nachfolgemodell, ein mittelgroßes Instrument. Auf so einem hübschen Instrument muss es Kindern Spaß machen zu spielen, denke ich neidvoll und erinnere mich an meine sehr kurze Karriere als kleine Akkordeonschülerin, der das Instrument zu unattraktiv und zu schwer war.

„Dieses hier wiegt 18 Kilogramm, mit dem Instrumentenkoffer sind es dann 20 Kilo. Das ist sehr schwer, vor allem wenn ich es den ganzen Tag herumtragen muss." Er rollt leicht seine Schultern. „Ich bin oft sehr müde."

„Was ist denn das für eines? Da steht kein Markenname drauf."

„Es ist ein Jupiter, ein Baján, ein osteuropäisches Knopfakkordeon." Er grinst mich an. „Bei euch sagt man Quetschn."

Ich muss lachen. Unsere Quetschn, die diatonische steirische Harmonika, ein fixer Bestandteil der Volksmusik, lässt sich wohl kaum mit dem Klasseinstrument vergleichen, das der Künstler spielt. Allein die Brillanz des Klanges und die tiefen kräftigen Bässe des Bajáns ergeben diesen klirrenden, mächtigen Ton, der einem durch Mark und Bein fährt. „Handörgeli" nennen die Schweizer ein Akkordeon liebevoll. Handzuginstrument heißt das nüchtern im Fachjargon.

„Darf ich es einmal hochheben?" Ich deute auf das Akkordeon. Sein „Nein" kommt schneller, als ich atmen kann. Nach ein paar Sekunden jedoch kommt doch ein herausgepresstes „Ja". Ich hebe das Akkordeon vorsichtig hoch und schlüpfe in die Schultergurten. Ist das schwer! Vitaliy springt nervös um mich herum wie eine junge Mutter, die ihr Baby zum ersten Mal jemand anderem in die Arme legt. Er stützt es von unten, damit ich nicht mitsamt dem Instrument zusammenbreche. Achtzehn Kilo, das ist wirklich schwer. Behutsam stelle ich das Akkordeon wieder ab und Vitaliy atmet erleichtert auf. „Das habe ich noch nie jemandem erlaubt", murmelt er ganz leise, aber ich habe es gehört. Ach! Danke für dieses Vertrauen!

„Das war sicher sehr teuer!" nehme ich wieder einmal einen Anlauf, denn Vitaliy spricht ungern über Geld.

„Spezialanfertigung", quetscht er heraus, „meine Eltern mussten sich Geld dafür borgen. Es wurde in Moskau extra angefertigt."

Dazu muss man wissen, dass das Baján, die osteuropäische Schwester unseres chromatischen Akkordeons, meistens handgefertigte Stimmzungen aus einer sehr harten Stahl-Messing Legierung hat. Dadurch wird der typische obertonreiche Klang erreicht. Das Prinzip des Bajáns stammt ursprünglich aus China und Japan. Dort spielte man schon vor dreitausend Jahren auf sogenannten „Mundorgeln", Blasinstrumenten mit verschieden langen Pfeifen. Gegen Ende des 18. Jahrhunderts kamen diese Instrumente in den Westen und wurden mit einem Faltenbalg und Bass-Tasten versehen. Das Baján wurde 1870 in Russland entwickelt und nach dem Dichtersänger Bojan benannt. Als Vorlage diente die Wiener Schrammelharmonika, die erst ein paar Jahre vorher entstanden war. Das europäische Akkordeon wird sowohl mit Tasten als auch mit Knöpfen gebaut, während das Baján ein reines Knopfakkordeon ist. Die wesentlichsten Unterschiede jedoch bestehen im Gehäuse und den Stimmplatten, die dem Baján seinen unverwechselbaren Klang geben.

Es folgt Vitaliys lange und geduldige Erklärung über die Funktionsweise dieses Klasseinstrumentes. Ich erfahre, dass es auf der Knopfseite, also dem Diskant, 15 verschiedene Register hat, mit denen er unterschiedliche Klangfarben spielen kann.

„Ich habe vier Stimmungen, Klarinette, Oboe, Fagott und Piccolo. Ich kann sie einzeln spielen oder in Kombinationen. Es klingt dann immer unterschiedlich. So kann ich die Interpretationen der Musikstücke abwechslungsreich machen." Es gibt nahezu keinen Sound, den man nicht mit einem Baján erzeugen könnte. Der Windknopf erzeugt zusätzlich ein Geräusch wie Atem und den Balg kann man auch als Trommel benutzen.

Ein Akkordeon ist ein kleines tragbares Orchester.

„Wie machen Sie Orgel?" will ich wissen, denn die Orgelklänge haben mich seinerzeit zu ihm gelockt.

„Orgel ist Fagott und Piccolo gemeinsam." Aha.

„Und wenn Sie alle Register drücken, was ist dann?"

Er grinst. „Das ist dann ‚tutti', alles, was ich habe. Das ist laut und klingt scharf. Das Piccolo macht den Klang scharf."

„Und was sind das für Knöpfe auf der Oberseite des Akkordeons?" Ich deute vorsichtig darauf, hinzugreifen traue ich mich nicht mehr.

„Das sind ebenfalls Registerknöpfe. Die brauche ich, wenn ich sehr schnell spiele und keine Zeit habe, die vorderen mit den Fingern zu drücken. Dann drücke ich die oberen mit dem Kinn."

Jetzt verstehe ich endlich. Lange hatte ich mich gefragt, was das für eine eigenartige Bewegung war, die er manchmal beim Spielen machte. Wie eine Schildkröte, die den Kopf nach vorne streckt. „Und auf der linken Seite, spielen Sie da nur Akkorde?" Ich erinnere mich, dass ich das einst gelernt hatte.

„Nein, hier habe ich ein Umschaltsystem, einen Bass-Converter, mit dem ich den Ton vom Akkord trennen kann. Ich kann also auch auf der Bass-Seite Melodien spielen. Allerdings ist das auf der linken Seite schwieriger, weil ich nichts sehen kann."

Langsam begreife ich, was seine Virtuosität ausmacht. Er spielt mit der rechten Hand komplizierte und rasante Läufe, während die linke Hand die Gegenmelodie spielt. „Das muss wahnsinnig schwierig sein", murmele ich.

„Es hat auch jahrelang gedauert, bis ich das konnte. Am Anfang war ich ungeschickt, und meine erste Akkordeonlehrerin glaubte nicht, dass ich es erlernen würde." Er lacht. „Aber ich wollte es unbedingt können, unbedingt."

Der Grazer Musikstudent, den ich Wochen später sicherheitshalber nochmals zur Funktionsweise des Akkordeons befrage, sagt beeindruckt: „Der Mann spielt außergewöhnlich schnell, sowohl rechts als auch links. Ein großer Könner." Dann fügt er noch hinzu: „Und schwer ist dieses Ding auch noch, 18 Kilogramm. Das muss man einmal ein ganzes Solokonzert hindurch aushalten können! Unsere Akkordeons wiegen nur maximal 12 Kilo."

„Warum dieser Gewichtsunterschied?" frage ich Paul, den Musikstudenten.

„Wegen der ganzen Mechanik und der metallenen Stimmplatten, die anders sind als unsere."

Vitaliy bestätigt mir Pauls Aussage, allerdings mit anderen Worten. „Mein Akkordeon ist ein Präzisionsgerät. Deshalb ist es so schwer. Es hat mehr Bestandteile als ein Auto. Es hat auch so viel gekostet wie ein Auto."

„Und wenn Sie es reparieren lassen müssen?" Vor meinem inneren Auge tauchen hohe Kfz-Rechnungen auf. „Oder warten Sie es regelmäßig?"

„Nein, eigentlich nicht. Ich repariere alles selbst, soweit ich kann. Nur die Stimmzungen werden von einem Meister geschliffen, das ist eine hohe Kunst. Die Zungen sind hauchdünn und der Meister muss sehr langsam schleifen. Außerdem weiß er genau, in welchem Winkel er wohin schleifen muss. Der Beruf eines Akkordeonbauers ist ein hochspezialisierter Beruf."

Ein Meister für den Meister.

„Ursprünglich wurde mein Instrument für einen berühmten Akkordeonspieler gebaut, der es dann aus irgendwelchen Gründen doch nicht brauchte. Es war eigentlich viel zu schwer für mich, damals war ich erst fünfzehn Jahre alt", erinnert sich Vitaliy. „Und es war so teuer. Viel teurer, als meine Eltern gedacht hatten. Sie mussten sich noch mehr Geld borgen, als sie es schon getan hatten. Als mein Vater mit seinen Arbeiterhänden in seine Brusttasche griff, um noch das letzte Geld herauszuholen, hätte ich am liebsten geweint."

Mir stockt der Atem, als ich das höre. Seine Eltern mussten vom Talent ihres fünfzehnjährigen Sohnes felsenfest überzeugt gewesen sein.

„Danach habe ich geübt wie ein Verrückter. Ich war so glücklich mit meinem Instrument." Er zieht den Balg weit auseinander und lässt ihn fröhlich wieder zusammenknallen.

„Atmet das Akkordeon?" will ich wissen. „Der Balg ist ja wie eine Lunge – einatmen, ausatmen. Wie ein Lebewesen. Ist es das, was Sie mit dem Akkordeon tun? Der Musik Leben einhauchen?"

Vitaliy Patsyurkovskyy sieht mich entgeistert an und sagt nichts. Diesmal hat es ihm die Sprache verschlagen.

„Wie machen Sie es,
dass Ihr Instrument wie eine Orgel klingt?"

KAPITEL 8

Der Lockruf der Orgel

„Auf der Straße kann doch keine Orgel stehen", dachte Andreas Kufferath, als er in der Grazer Sporgasse rauschende Orgelklänge vernahm und begab sich auf die Suche. Vitaliys Orgellockrufe waren der Beginn einer langjährigen tiefen Freundschaft zwischen dem Künstler und dem Werbefachmann Andreas Kufferath. Er ist einer von unzähligen Menschen, die jahrelang bei Vitaliys Musik überrascht innehielten und nach der Orgel Ausschau hielten. „Ich habe die Orgel gesucht", erzählte mir auch meine Schwester von ihrer ersten Begegnung mit dem Künstler.

„Wir hätten nie gedacht, dass ein Akkordeon wie eine Orgel klingen kann", riefen viele Konzertbesucher erstaunt aus, nachdem sie Vitaliy spielen hörten. „Noch nie in meinem Leben habe ich so etwas Großes von so etwas Kleinem gehört", sagte eine ältere Dame nach einem Konzert in der Herz-Jesu-Kirche ergriffen.

Die Orgel gilt als Königin der Instrumente und ist das größte aller Musikinstrumente, das tiefste und höchste, das lauteste und leiseste. Seit 2017 sind Orgelmusik und Orgelbau durch die UNESCO als immaterielles Kulturerbe anerkannt. Orgelklänge gehören zu den schärfsten und durchdringendsten Klängen. Die Orgel ist, wenn sie gut gespielt wird, ein klares Instrument von nahezu schneidender Transparenz. Die Musik, die ihr entströmt, fährt einem mitten ins Herz. Ein Orgelklang reicht vom zarten Pianissimo bis zum donnernden Fortissimo und hat an Tiefe und Höhe mehr Umfang als alle anderen Instrumente.

Wenn der Orgelwind weht, schrumpft der Mensch auf seine tatsächliche Größe zusammen.

Thomas Wrenger, Kantor und Organist der Heilandskirche in Graz, ist mir freundlicherweise behilflich, das Wesen einer Orgel besser zu verstehen. Meine Frage: „Wenn die Orgel ein Lebewesen wäre, welches wäre das dann?" lässt ihn zunächst stutzen, dann sagt er spontan: „Ein

Ameisenstaat. Alle müssen kongenial zusammenarbeiten, damit das ganze Gefüge funktioniert."

Die Orgel der Heilandskirche besteht aus gut 35.000 Einzelteilen. Rechnet man noch die Teile der einzelnen Orgelpfeifen hinzu, kommt man auf etwa 100.000 Komponenten, die für das gute Gelingen der Musik zusammenarbeiten.

Eine durchschnittliche Orgel mit 20 Registern hat etwa 2000 Pfeifen und wird vom Organisten über Manuale, Register und das Pedal mit beiden Händen und beiden Füßen bespielt. Orgelklänge werden durch Luft erzeugt. Früher mussten mehrere Männer die Orgelbälge treten, damit genug Luft über die Pfeifen streichen konnte. Heutzutage macht das eine Maschine.

Thomas Wrenger spielt seit nahezu 50 Jahren leidenschaftlich gerne auf diesem Instrument. „Für das Orgelspiel braucht es Begabung und man muss viel üben", erklärt er, „Man muss mit jeder Hand und mit jedem Fuß isoliert spielen können. Das schafft nicht jeder. Hatte man bereits Klavierunterricht, ist es etwas leichter. Letztendlich ist es eine Frage der Koordination, des Fleißes und der Demut vor dem Instrument. Große Orgelvirtuosen spielen mit ihren Füßen fast so schnell wie mit ihren Händen."

Dann erzählt er von der größten Orgel, die er je in seinem Leben sah. Sie steht bei Macy's, der großen amerikanischen Kaufhauskette, in Philadelphia. Die Pfeifen sind so hoch wie das ganze Kaufhaus Kastner & Öhler in Graz und die Orgel hat mehr als 400 Register.

„Da wühlt man in den Schütten herum und plötzlich spielt der Kaufhausorganist auf dieser riesigen Orgel." Thomas Wrenger lacht. „Das ist toll!"

„Was war die schönste Orgel, auf der du je gespielt hast?"

Thomas denkt kurz nach. „Das war die Orgel im Kloster Oliwa in Polen. Die hat großartige Möglichkeiten, schräge Spielereien. Wenn man beispielsweise ein bestimmtes Register zieht, klingt der Ton wie Nachtigallengesang. Dieser Sound wird mit Wasser erzeugt, das durch ein Röhrchen in ein Gefäß rinnt und durch die Brechung des Wassers klingt das wie eine Nachtigall." Ich staune. „Und wenn man das Register Trompete zieht, neigen sich oben die geschnitzten Engel, als würden sie selbst Trompete spielen."

Dieser Orgelbauer muss ein verspieltes Wesen gewesen sein!

Auf Tastendruck erzeugt die Orgel sofort einen Ton, der in seiner Lautstärke gleichbleibend ist. Beim Akkordeon ist das anders.

„Drücke ich die Tasten meines Instrumentes, passiert erst mal gar nichts. Ich muss zuerst den Balg bewegen, damit ein Klang in den Ton kommt. Der Balg erweckt das Instrument zum Leben." Vitaliy lächelt mich an. „Über den Balg steuere ich auch die Lautstärke. Laut bedeutet, dass ich viel Kraft einsetzen muss. Als ich einmal an der Ecke der Stadtpfarrkirche in der Grazer Herrengasse spielte, kam die Organistin besorgt herangeeilt. Wer spielt auf meiner Orgel, wollte sie wissen. Aber es war nur ich mit meinem Akkordeon. Ich habe es sehr laut gespielt." Er zieht den Balg seines Akkordeons weit auseinander.

„Als ich zu einem Konzert in dieser Kirche eingeladen war, vereinbarten die Organistin und ich, dass wir abwechselnd spielen. Ich saß so, dass die Kirchenbesucher mich nicht sahen, und spielte ein Adagio von Marcello. Niemand konnte unterscheiden, welches Instrument gespielt hatte – Orgel oder Akkordeon."

„Wie machen Sie es, dass Ihr Instrument wie eine Orgel klingt?" Dies interessiert mich brennend, denn unsere österreichischen Konzertakkordeons klingen nicht so scharf und schneidend klar wie seines.

Alle chromatischen Akkordeons, die ich jemals gehört hatte, klangen weicher und ein bisschen dumpfer. Ich vermisste die schneidende Brillanz der Töne und die durchdringenden Bässe.

Vitaliy schmunzelt, als ich ihm das sage. „Der Leiter der Orgelabteilung der Grazer Musikuniversität schickte einmal seine Studenten zu mir auf die Straße, damit sie hören konnten, wie eine Orgel klingen sollte. Und in Lemberg, als ich an der Hochschule studierte, dachten die anderen Studenten immer an Orgel, wenn sie mich hinter verschlossenen Türen spielen hörten." Dann erklärt er mir, dass es mehrere Gründe dafür gibt, dass sein Akkordeon Orgelklänge hervorbringt.

Zum einen sind es die besondere Bauweise seines Instruments und die längeren und breiteren Stimmzungen sowie die besonderen Stimmplatten, an denen die Stimmzungen befestigt sind. „Mein Instrument war eine Sonderanfertigung für einen Meister, daher ist es einzigartig gebaut."

Dann seufzt er ein bisschen. „Aber deshalb ist es auch so schwer."

Sein Jupiter-Akkordeon wurde in Moskau handgefertigt. Russland, die Ukraine und Weißrussland waren immer schon traditionelle Hochburgen des Akkordeonspiels, und viele großartige Akkordeonisten kommen von dort. Die russischen Akkordeons, Bajáns genannt, klingen durch das spezielle Metall der Stimmplatten in den verschiedenen Registern schärfer und härter als Akkordeons einer anderen Bauart. Aber auch die weicheren Töne klingen weicher. Die Möglichkeiten für unterschiedliche Klangfarben sind bei russischen Instrumenten ungleich größer als bei vielen anderen klassischen Akkordeons.

„Die führenden Akkordeon-Länder Europas sind Italien und Frankreich", erklärt der Künstler weiter, „viele Akkordeonisten verwenden italienische Instrumente. Mittlerweile gibt es auch russisch-italienische Akkordeons. Diese haben viel weniger Gewicht, weil die Stimmplatten und die Stimmzungen anders gebaut sind." Er lässt seine Finger über die Knöpfe fliegen und spielt ein paar Läufe. „Die guten Konzertakkordeons jedoch sind sehr teuer, rund 40.000 Euro."

Ich reiße erschrocken die Augen auf – so teuer?

„Wenn du ein gutes Konzert spielen willst, brauchst du ein gutes Instrument und gute Instrumente kosten Geld", antwortet der Meister trocken.

Dann erfahre ich, dass es wichtig ist, das Instrument gut einzuspielen. Spielt man es von Beginn an leise, wird es immer leise klingen. „Jedes Instrument hat eine Seele und es dauert eine Weile, bis sich diese Seele mit dem Musiker vereint. Man muss das Instrument von Anfang an so spielen wie man möchte, dass es klingt. Und man muss viel spielen, damit sich das Instrument an den Musiker gewöhnt." Vitaliys Stimme wird weich, wenn er von seinem Akkordeon spricht. „Ich habe es von Anfang an immer sehr laut gespielt. Das braucht viel Kraft für den Balg und ich bin ein gut trainierter Akkordeon-Sportler." Er schmunzelt. „Jetzt sind wir ein bestens eingespieltes Team."

Es war wohl auch die besondere Art seiner Musikausbildung, die Vitaliy Patsyurkovskyy zu seiner Virtuosität führte. Die „Russische Schule", wie er es nennt, war die vereinheitlichte Musikausbildung, die in allen damaligen Sowjetstaaten Gültigkeit hatte. Die strengen und gleichgeschalteten Lehrpläne verschafften den Absolventen und Absolventinnen die Möglichkeit, in nahezu jeder Form auf dem Gebiet der Musikkultur überall in der Sowjetunion zu arbeiten: Als Solokünstler, als Lehrer, als Professor, in musikwissenschaftlichen Abteilungen, als Orchesterleiter, als Chorleiter.

Die Musikausbildung erfolgte in drei Stufen: Grundschule, Berufsschule und Konservatorium/Hochschule. Jede Schule hatte, dem Zeitgeist entsprechend, ihre eigenen Ziele. Die Schulen der ersten Stufe legten den Grundstein für musikalisches Wissen und das Instrumentalspiel; ab der zweiten Stufe formten sie Berufsmusiker; ab der dritten Stufe bildeten sie Spezialisten mit überdurchschnittlichen Fähigkeiten aus. Ein strenges Ausleseverfahren in Form von Berichten, Prüfungen, akademischen Konzerten, Vorspielen und Wettbewerben sorgte dafür, dass nur die Besten an den Hochschulen zugelassen wurden.

Ein weiteres charakteristisches Merkmal der sogenannten „Russischen Schule" war die große Bedeutung, die den sogenannten „Volksinstrumenten" in der Ausbildung beigemessen wurde: dem Baján (Knopfakkordeon), dem Akkordeon, der Balalajka und der Domra. Diese traditionellen Instrumente entwickelten sich zunehmend zu Konzertinstrumenten und Absolventen der Domra oder des Bajáns etwa widmeten sich intensiv den Werken Scarlattis, Vivaldis oder Bachs.

„Ich hatte unterschiedliche Lehrer, und ich konnte von jedem etwas lernen. Einer war wie ein Roboter, ganz formalistisch und sehr genau. Ein anderer war sehr jung, nur wenige Jahre älter als ich, und er hatte ein absolutes Gehör. Er wurde ein berühmter Musiker. Und wieder ein anderer brachte mir bei, mein Akkordeon wie eine Orgel zu spielen. Ich bin all meinen Lehrern und Lehrerinnen sehr dankbar."

Dann setzt er sich hin und spielt die Chromatische Fantasie und Fuge von Johann Sebastian Bach. Dieses einzigartige Werk des großen Barockkomponisten, das sich anspürt wie Rennen, Fliegen und Fliehen zugleich. Er spielt es auf seinem Akkordeon, in der Transkription für Orgel. Himmlisch.

„…wenn wir federleicht sind.
Wenn wir glücklich sind."

Auf das Handy scannen und hören:
Louis-Claude Daquin. Der Kuckuck.

KAPITEL 9

Die Leichtigkeit des Seins

„Am besten spiele ich, wenn alles leicht ist. Wenn die Akustik gut ist und ich den Balg nicht stark ziehen muss. Wenn meine Bässe tief und mächtig klingen. Wenn meine Stücke frisch sind. Wenn ich meine Musik hören kann und sie mir gefällt. Wenn mein Publikum ganz bei mir ist und wir gemeinsam andere Welten betreten. Wenn wir federleicht sind. Wenn wir glücklich sind."

Mein geistiges Ohr hört fröhliches Kinderlachen und ich rieche nassen Sand. Vitaliy und sein Publikum spielen miteinander wie glückliche Kinder in der Sandkiste. „Sie vergessen alles. Ich vergesse alles." Ich vergesse zu atmen.

Spielen. „Musik spielen" heißt es, nicht Musik denken oder Musik lesen oder Musik arbeiten. Spielen. Glücklich sein. Die Zeit vergessen. Sich selbst vergessen. Sich an etwas erinnern, das uns träumen ließ. Etwas, das unsere Träume wahr macht.

Mir fallen die australischen Ureinwohner, die Aborigines, ein. Oft hieß es, sie wären wie Kinder, naiv, gutgläubig, einfältig, schwarz. Und genauso wurden sie von den weißen Australiern behandelt. Dennoch gelang es nie jemandem, ihre 50.000 Jahre alte Kultur zu zerstören, die darauf begründet ist, sich ins Dasein zu träumen. Ihre Traumzeit-Legenden handeln von der universellen, raum- und zeitlosen Welt. Einem allumfassenden spirituellen Gewebe, einer raum- und zeitlosen Quelle der Existenz, in der sich eine fortwährende Schöpfungsgegenwart ohne Anfang und Ende widerspiegelt. Hier wird erklärt, wie alles entstanden ist, und hier sind die ungeschriebenen Gesetze begründet, nach denen sie leben. Das Lebenskonzept der Ureinwohner ist für Außenstehende schwer fassbar und in Wirklichkeit für Nicht-Aborigines vollkommen unverständlich. Ihre Einstellung zum Leben und zur Natur ist für uns „normale" Menschen nicht nachvollziehbar und sie wirken wie von einem anderen Stern gefallen. Dennoch sind sie unausrottbar. Sie sind hier, weil sie im Einklang mit der Natur leben und weil sie leichtfüßig über diese Erde gehen. Wahrscheinlich spielen sie irgendein „Spiel des Lebens", das wir nicht kennen.

Viele von uns haben es verlernt zu spielen. Wir sind schwer und plump geworden und haben die Eleganz der Leichtigkeit verloren. Wir lachen wenig, wir tanzen wenig, wir musizieren wenig. Wir sind verkrampft. Wir sind dem Konsumrausch anheimgefallen. Wir kaufen uns Dinge, von denen unsere Seele möchte, dass wir sie selbst tun. Wir fragen uns stets: „Was bringt es mir? Nützt es mir?" Eine Arbeit ohne Werk zählt nichts, denn sie ist nicht in Geld, Ansehen oder sonst wie messbar. Wir haben jenes unkomplizierte Vergnügen, das dem Spielen inhärent ist, verlernt. Beim gemeinsamen Spiel sind wir einander nahe, fühlen wir uns einander verbunden. Wir gehen mühelos miteinander um, freundlich, entspannt, vergnügt. Unaufgeregt, ohne großes Trara. Leicht, federleicht.

Vielleicht ist es das, was die Menschen zu Vitaliy Patsyurkovskyy treibt. Seine stille Einladung zum Spiel. Unaufgeregt, unkompliziert, unprätentiös.

Er spielt. Überall. Jeder kann kommen. Die Einladung, die er uns mit seiner Musik überreicht, lautet: „Komm, spiele mit mir."

Ah, wie gerne kommen wir!

Der erste Ton eines Musikstückes ist nie der erste Ton.

Der erste Ton ist die Stille davor, wenn die Musik Luft holt.

Der letzte Ton ist die Stille danach.

KAPITEL 10

Wieviel Stille ertragen wir?

"Musik schlägt einem die Wörter aus den Händen. Musik macht sprachlos. Ein Dasein ohne Sprache – ich kann mir das nur schwer vorstellen – aber so etwas muss es geben, die Verliebten wissen das. Hie und da gibt es nichts mehr zu sagen, und Musik ist das Einüben von Schweigen, das Einüben von Stille."
Peter Bichsel, Schweizer Schriftsteller

Panik! Es ist viel zu leise hier! Dreh das Radio auf, mach den Fernseher an! Es ist unerträglich still!

Früher war es normal, dass es nachts und manchmal auch am Tag absolut still war. Kein Telefon, kein Fernseher, kein Straßenlärm. Heute ist Stille zu einem seltenen Zustand geworden und bedeutet für viele von uns pure Provokation. Sie macht nervös, wirkt verstörender als Lärm. Wir ertragen das Laute leichter als das Leise. Unsere Ohren sind taub geworden für die feinen, die zarten Töne. Wir sprechen laut, denn laut bedeutet mächtig, leise gilt als schwach. Zwischentöne hören wir nicht mehr. „Zeige Selbstbewusstsein, sprich laut. Lauter als dein Mitbewerber. Überstimme ihn. Dominiere ihn durch Lautstärke", heißt es in Rhetorikkursen und beim Personal Coach. Und in militärischen Einrichtungen lernt man als Erstes, den anderen niederzuschreien, solange, bis das Gegenüber aufgibt.

Wir können nicht mehr leise sein. Vielleicht ist es gar nicht unsere Schuld. Wir leben in einer lärmerfüllten Welt. Viele von uns sind derb und grob geworden, pausenlos überflutet von Reizen und Nachrichten, von ununterbrochener Unruhe, von ununterbrochenem Lärm. „Flüstern?" fragte mich mal jemand, „was ist das?"

Auch die Töne der Natur werden nicht mehr gehört – das Wispern der Grashalme im Frühlingswind, das Rascheln im Laub, wenn ein Käfer sich seinen Weg bahnt, das Flügelschlagen der Tauben auf dem Dachfirst. Obwohl, die Natur ist gar nicht still. Leise kann sehr laut sein.

Der Wind singt. Die Vögel trällern. Wasser rauscht. Fliegen brummen. Doch diese laute Stille ist nicht vergleichbar mit all dem Krach, der unser normales Leben untermalt. Wir haben uns dem Lauten, der Dauerbeschallung ausgeliefert.

Offenbar jedoch sehnen wir uns doch nach Stille, denn immer mehr Menschen melden sich zu Stille-Retreats an. Zu Seminaren, wo die Teilnehmer an Orten Zeit verbringen, die eine natürliche Schönheit ausströmen, wo sie in stillen Räumen zur Ruhe kommen, wo es keine Ablenkung gibt. Wo nicht gesprochen wird. Wo kein Gerede ablenkt. Wo der Blick frei wird – der Blick auf einen selbst.

Im Alltag begleitet uns ständig ein Spiegel – überall bekommen wir eine Reaktion, eine Antwort von anderen. Wir gehen auf die Reaktionen des Gegenübers ein, wir wägen ab, wir überlegen. Wir spielen unsere Rollen, wir tragen unsere Masken. Aber was ist, wenn der Spiegel nicht mehr da ist? Ich kann sein, wer ich bin. Nur: wer bin ich wirklich?

Eine Antwort auf diese Frage zu finden erweist sich für viele als die härteste Übung ihres Lebens. Der Blick auf das eigene Innerste ist manchmal so verstörend, dass es viel Mut erfordert, sich diesem zu stellen. Dann nämlich, wenn wir erkennen, wie sehr wir uns in den Erwartungen anderer verfangen haben, in den Ansprüchen der Gesellschaft, in Konventionen, in den Versuchungen des Konsums. Wenn wir erkennen, wie weit wir uns von dem entfernt haben, wofür wir eigentlich hergekommen sind. Stille weist uns den Weg in unsere Mitte, in unser Herz. Stille ist ein greller Scheinwerfer, der unbarmherzig ausleuchtet, was wir nicht sehen wollen.

Jene, die solche Stille-Retreats leiten, singen Klagelieder vom Verhalten der Teilnehmer. „Sie machen die unmöglichsten Dinge", erzählt einer, der auf eine jahrelange Erfahrung zurückblicken kann, „sie springen von Klippen, sie reißen sich die Haare aus, sie beißen ihre Fingernägel ab. Sie schlagen den Kopf an die Wand, bis er blutet. Sie schreien, sie schimpfen. Sie fahren am dritten Tag nach Hause, weil sie die Stille nicht aushalten. Sie drehen durch, weil es ruhig ist und sie sich mit nichts ablenken können. Sie ertragen es nicht, ihre tiefste Wahrheit anzuschauen. Oftmals ist das wirklich tragisch."

Manchmal denke ich, dass wir lernen sollten, jeden Tag eine Weile still zu sein und auf die Melodie des Lebens zu hören, die in uns schwingt. Dass wir üben sollten, jeden Tag in Resonanz mit unserer ureigensten Musik zu gehen. Innezuhalten, zu lauschen. Dies wäre sicherlich ein begrüßenswertes Unterrichtsfach an unseren Schulen, vielleicht sinnvoller als manches andere. Vielleicht würden wir alle ruhiger und gelassener werden, wenn wir das Innehalten, das Stillsein wie Lesen-lernen einüben könnten.

Musiker wissen auf geheimnisvolle Weise mehr über das Wesen der Stille. „In der Stille kann die Musik atmen", erklärte mir einer, „und Atem ist Leben". Welch interessante Betrachtungsweise! So hatte ich das noch nie gesehen.

„Der erste Ton eines Musikstückes ist nie der erste Ton. Der erste Ton ist die Stille davor, wenn die Musik Luft holt. Der letzte Ton ist die Stille danach, wenn die Musik ausatmet." Ich schwieg, als ich das hörte. Atemlos.

„Es ist die Stille, die zählt, nicht der Applaus. Jeder kann Applaus haben. Aber die Stille, vor und während des Spiels, das ist das Größte", wusste der 1989 verstorbene, ukrainische Vladimir Horowitz, einer der berühmtesten Klaviervirtuosen des 20. Jahrhunderts.

Viele Musiker und Dirigenten empfinden es als unglaublich störend, wenn ein Publikum, kaum dass der letzte Ton verhallt ist, wie verrückt zu klatschen beginnt. Wer mit der Musik in geheimnisvolle Räume abgetaucht ist, braucht die Stille danach, um wieder zurückkommen zu können von dort, wo er gewesen ist. „Die Leute ertragen die Stille nicht", murrte ein Orchestermusiker einmal laut vernehmlich.

Vitaliy ist hier großzügiger.

„Viele kommen zu meinen Konzerten, weil sie mich kennen, Freunde, Verwandte, Bekannte. Und dann klatschen sie vor lauter Begeisterung in die Stücke hinein. Es macht mir nichts aus. Sie machen es mir zuliebe." Er lächelt.

„Wenn es mir jedoch gelingt, die Zuhörer mit meiner Musik in eine andere Welt mitzunehmen, passiert das nicht. Dann ist es so tief, so still.

Ich vergesse alles, sie vergessen alles. Wenn ich fertig bin, sitze ich bewegungslos, weil es so mystisch ist. Ich kann das selbst nicht erklären. Oft sitze ich lange so. Niemand rührt sich dann. Sogar die Kinder, die immer unruhig sind, wissen, dass sie nicht stören dürfen. Alle sind totenstill, bis ich die Hände vom Akkordeon nehme."

„Eine gute Akustik ist für mich
die Erfüllung meiner Träume."

KAPITEL 11

Wenn das Akkordeon singt

„Vitaliy spielt am liebsten dort, wo die Akustik gut ist. Dann singt sein Akkordeon." Hilde Sichler, Antiquitätenhändlerin in der Grazer Schmiedgasse, kennt den Künstler seit vielen Jahren. Bei ihr darf er sein schweres Akkordeon parken, wenn er es nicht herumtragen möchte. „Immer, wenn er vor meinem Geschäft spielte, war ich hingerissen von dem Klang, den er erzeugte. Für den Libertango von Piazzolla spendete ich jedes Mal zwei Euro – jeden Tag in jedem Sommer." Sie lacht. „Ich liebe diese Musik."

„Eine gute Akustik ist für mich die Erfüllung meiner Träume." Vitaliys Stimme wird hell vor Glück und seine Augen leuchten. „Dann sind meine Bässe tief und mein Akkordeon klingt mächtig. Die Musik vibriert und ich kann es hören. Es ist magisch."

„Wenn die Akustik für ihn passt, verwandelt er sich in reine Hingabe." Hilde Sichlers Stimme wird leise und weich. „So etwas habe ich bei einem Musiker noch nie erlebt."

Der französische Philosoph Michel Serres formulierte es noch ein Stückchen poetischer: „Ich irrte von den menschlichen Sprachen zur Akustik und den vibrierenden Dingen – und gelangte so zum Zauberklang der Dinge selbst."

Alles ist Schwingung und alles ist mit allem über Schwingung verbunden. Diese über hundert Jahre alte Einsicht der Quantenphysik sickert derzeit langsam in unser Bewusstsein ein und wird unsere Denkwelt in den kommenden Jahrzehnten möglicherweise auf ungeahnte Weise verändern und weiterentwickeln.

Das Wort Akustik leitet sich vom griechischen „akuein" ab, was so viel bedeutet wie „hören". Die Akustik ist die Lehre vom Schall und wie dieser Schall über Schwingung in unsere Ohren gelangt.

Als Wissenschaft beschäftigt sich die Akustik mit der Entstehung, der Ausbreitung und der Analyse von Schallwellen und ist DAS Erfolgsgeheimnis großartiger Musikdarbietungen. Nicht umsonst investieren große Städte Millionen von Euro in ihre Konzerthallen und heuern die angesehensten Akustikspezialisten an, um ihrem Publikum das bestmögliche Klangerlebnis zu bieten.

Ein Konzerthaus zu bauen gehört für viele Architekten zur Königsdisziplin. Während man bei anderen funktionalen Gebäuden wie Flughafen, Schulen oder Bürogebäuden vielfältige Möglichkeiten der Baugestaltung hat, gehorchen Konzertsäle ausschließlich den Gesetzen der Akustik. Ganz allgemein kennt man bis heute nur zwei Raumlösungen für ein optimales Hörerlebnis: den „Schuhkarton" und den „Weinberg".

Beim Schuhkarton-Saal sitzt das Orchester auf dem Orchesterpodium an der Stirnseite des Saales und das Publikum wie in einem Kinosaal davor. Die Zuhörer sollen das Gefühl haben, in einem Klangraum, in einer Klangwolke zu sitzen. Allerdings bieten nur die teuersten Plätze den vollen und uneingeschränkten Blick auf das Orchester. Beim Weinberg-Saal sitzt das Orchester in der Mitte des Raumes und die Zuhörerplätze sind terrassenförmig drumherum angeordnet – wie bei einem Weinberg eben. Dieses Prinzip ist richtungsweisend für die moderne Art, Konzertsäle zu bauen und punktet mit dem Vorteil, dass das Orchester von jedem Zuhörer, von jeder Zuhörerin gesehen werden kann.

Aber: Wo ist die Akustik besser?

In einer Studie der finnischen Aalto-Universität stellten Forscher fünf „Weinberge" und fünf „Schuhkartons" einander gegenüber. Die Studie kam zu einem eindeutigen Ergebnis: Die Schuhkarton-Form, die viele Klassik-Fans so lieben, ist akustisch tatsächlich die bessere Wahl. Der Widerhall der Seitenwände hebt im Schuhkarton die hohen Töne und Obertöne bei lauten Musikpassagen besonders hervor. Die Musik klingt dynamischer.

Das Konzerthaus Berlin ist ein klassischer Schuhkarton-Saal, ebenso der Wiener Musikverein, der den Ruf hat, das akustisch weltbeste Konzerthaus zu sein. Tatsächlich ist die Akustik im berühmten Goldenen Saal unvergleichlich warm und samten, das kann ich als langjährige Abonnentin bestätigen. Als es noch keine technisch raffiniert ausgestatteten Tonstudios gab, flogen Orchester aus aller Welt nach Wien, um ihre

Musikaufnahmen im Goldenen Saal des Musikvereins zu machen. Die Hamburger Elbphilharmonie hingegen ist ein besonders schönes Exemplar des Weinberg-Prinzips. Die Akustik hier ist kristallklar, transparent und nahezu studiohaft detailgenau. Jedes akustische Detail kann scharf und sauber gehört werden.

„Welche Akustik mögen Sie lieber?", frage ich unseren Künstler, „die scharfe, klare, oder die weiche, warme?"

„Die, die ich zur Verfügung habe."

Autsch. Mit dieser Frage bin ich an die Wand gekracht.

„Wie wissen Sie, wo es die beste Akustik in jenen Räumen gibt, die Sie zur Verfügung haben?" So schnell gebe ich nicht auf.

„Ich teste es vorher."

„Wie denn?"

„Ich gehe den Raum Schritt für Schritt ab und klatsche. Oft machen wenige Zentimeter einen großen Unterschied. Wenn ich nicht testen kann, verlasse ich mich auf meine Intuition. Oder aber ich muss mich den Gegebenheiten beugen, weil mir ein Platz zugewiesen wird, wo ich sitzen muss." Er klatscht seine Hände kurz und scharf zusammen. „Ich spiele viel in Kirchen, wo es meistens eine sehr gute Akustik gibt. Die Stadtpfarrkirche in Graz beispielsweise ist so eine Kirche. Als ich dort spielte, saß ich so, dass mich die Leute nicht sahen. Alle dachten, es wäre die Orgel, die hier spielte. Viele Orgeln klingen nur deshalb so mächtig, weil sie von der Kirchenakustik profitieren. Würde man sie auf die Straße stellen, würden sie ganz anders klingen, viel kleiner." Er macht eine kleine Pause, dann sagt er: „Aber es gibt auch Kirchen, in denen die Akustik eine Katastrophe ist. Ich hatte einmal einen Auftritt in einer solchen Kirche. Ich musste ganz langsam spielen, damit sich die Töne nicht überschlugen und alles zu einem Mischmasch wurde."

Er schweigt ein bisschen, dann kommt plötzlich etwas völlig anderes.

„Alles ist Vibration, alles auf der Welt. Und für einen vollen Klang sind gute Bässe ganz wichtig, denn der Klang kommt von unten, aus der Erde. Ein tiefer Bass ist wichtig, er macht die Musik tief. Seine Stimme kommt von unten. Der Bass ist die Frequenz, die dich am Boden hält.

Tief. Seine Vibration schlägt dir das Herz durch."

Mein Herz stolpert, als ich das höre. „Wer bist du eigentlich?", frage ich mich leise.

„Am liebsten spiele ich in der Nacht, im Freien. Dann trägt die Musik ganz weit." Dann erzählt er, wie er in Padua stets unter den Kuppelarkaden beim Eingang der Universität gespielt hatte. „Ich saß genau unter der Kuppel und spielte immer spät am Abend, wenn die Hitze nachgelassen hatte. Wenn ich Toccata und Fuge von Bach spielte, erschreckte ich stets die Tauben, die dort schliefen, denn diese Musik ist sehr laut und die Akustik unter der Kuppel ist hervorragend. Und von überall her kamen die Menschen, weil sie meine Musik gehört hatten. Sie wollten sich entspannen, gingen spazieren, sie wollten etwas Schönes erleben. Dann lauschten sie der Musik und gingen glücklich nach Hause. Es war wunderbar. Mein Akkordeon sang sehr laut in jenen Nächten."

„Mein Herz schlägt bis zum Hals.
Wumm, wumm, wumm."

KAPITEL 12

Bühne versus Straße

„Wenn ich auf der Bühne spiele, liefere ich mich aus. Ich mache meine Musik öffentlich, ich mache mich sichtbar. Ich gebe mich preis. Ich mache mich empfänglich für Kritik. Ich kann mich nirgends verstecken, in keinem Orchester, in keinem Ensemble. Ich bin allein. Und ich nehme Geld dafür. Ich muss gut sein. Der Moment, wo ich hinausmuss auf die Bühne, ist schrecklich. Ich habe immer Angst."

Mir fällt der Stift aus der Hand.

Vitaliy Patsyurkovskyy, der große Akkordeonmeister, der so virtuose Künstler, hat Angst, bevor er die Bühne betritt? Und er gibt das unumwunden zu? „Darf ich das schreiben?", vergewissere ich mich, während ich mit zittrigen Händen meinen Stift aufhebe.

Er nickt. „Alle Solisten haben Angst. Du übst und übst und dann entschlüpft dir trotzdem ein falscher Halbton, ein falscher Akkord. Eine falsche Note im Lauf. Nur ein Minifehler. Aber du weißt, irgendjemand wird dies bemerken. Und vielleicht denken, dass du nicht gut bist. Dass er für das Konzert zu viel bezahlt hat, dass er besser nicht gekommen wäre. Oder etwas anderes Kritisches."

Ich erröte, was mir schon lange nicht mehr passiert ist.

Wie oft habe ich gedankenlos darüber gelästert, wenn dem Sänger, der Sängerin ein nicht ganz lupenreiner Ton über die Lippen kam, ein kleiner Kiekser im Trompetensolo mich störte oder ein Orchestereinsatz nicht hundertprozentig exakt war. Für eine teure Eintrittskarte erwarte ich eine makellose Leistung, war immer mein Argument gewesen.

„Ich bin kein Roboter", sagt Vitaliy jetzt, „auch ich habe eine Tagesverfassung, die mal besser, mal schlechter ist. Natürlich gebe ich mein Bestes, und es gelingt mir auch meistens. Aber wenn die Leute im Voraus für meine Musik bezahlen, bedeutet das für mich immer Stress."

„Angst ist die dominierende Emotion bei Profimusikern", weiß Eckart Altenmüller, Arzt, Musiker und Forscher auf dem Gebiet der Neurophysiologie und Neuropsychologie von Musikern.

Seit Beginn des 20. Jahrhunderts gibt es in Europa eine Medizinrichtung, die sich mit physischen und mentalen Erkrankungen von Musikern beschäftigt. Die Musikermedizin. Der Nervenarzt Kurt Singer veröffentlichte 1926 das Buch „Berufskrankheiten der Musiker" und lehrte ab 1923 an der Hochschule für Musik in Berlin. Seither haben sich in vielen Städten Deutschlands Institute für Musikermedizin etabliert, ebenso in der Schweiz und in Österreich.

Die Erkrankungen von Berufsmusikern sind vielfältig. Sehnenscheidenentzündungen bei Streichern und Gesichtsnervenerkrankungen bei Bläsern zählen zu den häufigsten, ebenso Schäden am Haltungsapparat durch zu langes Verharren in unnatürlichen Stellungen. Halsentzündungen und Stimmbandblutungen sind typische Sängerkrankheiten, lockere Zähne im Unterkiefer und Probleme mit den Unterlippen die der Panflötenspieler. Nach langen Dienstjahren als Berufsmusiker kommen noch Arthrose, hauptsächlich an den Fingergelenken, und Schwerhörigkeit durch zu hohe Schallbelastung im Orchestergraben hinzu. Dazu die psychischen Belastungen von Angst und Lampenfieber sowie die Angst vor Menschenmengen.

„Berufsmusiker und vor allem Solist zu sein ist ein Knochenjob, von dessen Beschwerlichkeit der Konzertbesucher wenig mitbekommt. Ich bin heilfroh, dass meine drei Kinder keine Profimusiker werden wollen", so Altenmüller.

„Wie gehen Sie mit Ihrer Angst um?" will ich vom Künstler wissen.

„Ich bereite mich bestmöglich vor. Ich mache Fingerübungen. Ich übe neue Stücke zuvor auf der Straße, denn sonst habe ich keine Übungsmöglichkeit. Ich bereite mich mental vor, ich versuche, die neuen Stücke in meinen Kopf zu bekommen. Ich wiederhole die alten Stücke. Ich übe sehr viel, oft wochenlang vor dem Konzert. Vor dem Auftritt gehe ich in die Natur, um ruhig zu werden. Ich erfreue mich an den Bäumen und den Blumen. Dann suche ich im Konzertsaal oder der Kirche, wo ich spiele, den Platz mit der besten Akustik." Hier stockt er kurz. „Manchmal jedoch habe ich dafür keine Zeit. Manchmal geht alles sehr schnell. Ich werde von jemandem zum Konzertort gebracht und ich weiß nicht einmal, wo genau das ist. Meistens kommen wir erst kurz vor Konzertbeginn dort an. Dann heißt es immer schnell, schnell!! Dann muss ich schnell meine CDs vorbereiten, den Platz suchen, wo ich sitzen werde, und draußen warten schon die Leute. Oft habe ich nicht einmal Zeit, die Akustik zu testen." Er macht eine kleine Pause.

„Dann heißt es plötzlich: ‚Vitaliy, die Leute kommen jetzt herein, du musst von hier verschwinden.' Dann gehe ich in einen anderen Raum und höre, wie sich die Leute hinsetzen, und ich kann ihre Erwartung spüren. Sie wollen etwas Besonderes von mir, deshalb sind sie gekommen. Mein Herz schlägt bis zum Hals. Wumm, wumm, wumm. Manchmal möchte ich davonlaufen. Dann kommt der Augenblick, wo es heißt: ‚Und nun begrüßen Sie Vitaliy Patsyurkovskyy!' und ich weiß, jetzt muss ich hinaus. Ich muss mich meiner Angst stellen, ich habe keine andere Wahl." Kurzes Schweigen.

„Wenn es mir gelingt, schnell einen Kontakt zum Publikum herzustellen, beruhigt sich mein Herz bald. Aber manchmal dauert es lange, bis ich ein ruhiges Herz habe. Es donnert weiter so laut, dass ich manchmal fürchte, die Leute könnten es auch hören. Ich werde erst ruhiger, wenn ich die Akustik im Griff habe und ich meine eigene Musik gut hören kann. Manchmal muss ich sehr langsam spielen, weil die Akustik problematisch ist. Manchmal sehr schnell, aber wenn ich das vorher nicht testen kann, ist das immer ein Unsicherheitsfaktor. Ich habe Konzertakustik studiert, Akustik ist eines der Geheimnisse meiner Musik."

Er lächelt mich an. Ich lächle zurück und bewundere den Vollprofi, der hier vor mir sitzt.

„Und wenn Sie auf der Straße spielen, gelten da die gleichen Vorbereitungen?"

„Ich spiele auf der Straße wie in einem Konzertsaal. Ich mache Fingerübungen, bevor ich beginne. Auf der Straße muss ich schnell spielen, sonst klingt es nicht gut. Die Straße braucht ein anderes Tempo als der Konzertsaal." Nach einer kleinen Pause sagt er: "Als ich auf der Straße zu spielen begann, warnten mich viele Leute. Straßenmusik ist schmutzig, sagten sie. Wenn du das machst, kannst du keine Konzerte mehr spielen. Straßenmusik ist laut, wird nicht nach Noten gespielt und die Musiker spielen nur für Geld, sagten sie. Ich habe das in Deutschland erlebt, als ich mit einem Ensemble gespielt habe. Meine Kollegen, zwei Geiger, wollten sich nicht weiterentwickeln, sondern einfach Musik machen, die schnelles und leicht verdientes Geld bringt. Unsere Musik wurde immer schlechter. Wir haben uns getrennt."

Dann kommt etwas, das mir den Atem verschlägt.

„Nach dem Ende des Trios musste ich mich entscheiden, wie ich weitermachen wollte. Das war die größte Schnittstelle in meinem Leben. Ich spielte zum ersten Mal allein auf der Straße. Ich schämte mich so. In der Ukraine sind Straßenmusiker Bettler. Ich setzte mich also hin und spielte und schaute kein einziges Mal auf, nur nach unten. Ich habe mich entsetzlich geschämt. Was für eine Schande. Ich habe es zwei Tage lang probiert, dann bin ich nach Hause gefahren."

„Wann war das?"

„1997. Seit damals spiele ich allein, oder fast allein. Nur in Graz spielte ich einmal mit einer Geigerin und einem Cellisten. Das war sehr schön. Dennoch gewöhnte ich mich an das Allein-Spielen. Es war immer gute Werbung für mich. Viele Leute hörten mich und buchten mich gleich anschließend – für Feiern, für Hochzeiten, für Begräbnisse, für Konzerte. Manchmal hatte ich so viel zu tun, dass ich auf zwei oder drei Veranstaltungen an einem Tag spielte."

„Warum haben Sie die Straße nicht aufgegeben?"

Er sieht mich erstaunt an. „Musik ist mein Beruf, mein Leben. Ich lebe für die Musik. Ich spiele überall, wo ich kann. Auf der Straße, im Konzertsaal, in der Oper, in der Kirche. Überall. Ich liebe es zu spielen."

Johann Sebastian Bach
Contrapunctus

KAPITEL 13

Wie mit der Peitsche getrieben

Es gibt kein Nachgeben, der Weg wird zu Ende gegangen. Danach ist man verwandelt.

„Bach hat mich gerettet", sagte jemand, als er eine große Lebenskrise zu meistern hatte. In den düstersten Augenblicken, wo alles verloren scheint, genügen manchmal ein paar breit und tief angelegte Klavier- oder Orgelakkorde aus dem Werk des großen Barockkomponisten, und die verwirrte Seele findet wieder Frieden. Der Alptraum hat sich verflüchtigt.

Kompromisslos, klar, auf ein Ziel ausgerichtet und Gänsehaut verursachend, das ist die Musik des Johann Sebastian Bach. Er zählt zu den kreativsten und fleißigsten Komponisten der vergangenen Jahrhunderte und lebte von 1685–1750. Sein Werk umfasst 1126 Kantaten, Präludien, Messen und Choräle, wobei die verschollenen Musikstücke und Fragmente in dieser Aufzählung gar nicht mitgerechnet sind. Hitzköpfig sei er gewesen, stur und ein schwieriger Arbeitnehmer. Zwei Ehefrauen und insgesamt zwanzig Kinder zeugen von einem temperamentvollen Familienleben. Im Bach'schen Haushalt wurde viel musiziert, stammte doch der Komponist selbst aus einer Musikerfamilie. Vier seiner eigenen Söhne wurden selbst bekannte Musiker. Der tiefgläubige Johann Sebastian Bach wollte mit seiner Musik vor allem eines: Gott ehren.

„Wenn ich Bachs Musik höre, fühle ich mich wie mit einer Peitsche durch eine Musikkathedrale getrieben. Es gibt kein Zurück, nur ein Vorwärts, zu Gott, zu Gott. Solange, bis ich wieder im Einklang mit mir selbst bin", gestand einmal jemand, der keiner offiziellen Religionsgemeinschaft angehört. „Es ist, als würde er mit mir durch den dunklen Wald gehen und mir dabei immer wieder versichern, dass ich keine Angst zu haben brauche."

Aber auch wenn der Lebensweg gerade nicht schwierig ist, macht Bachs Musik klar im Kopf und im Herzen. Es ist, als würden sich alle Gedanken und Gefühle auf einen ermutigenden und bejahenden Pol hin ausrichten, das Wichtige vom Unwichtigen trennen, das Kleinliche vom Großen.

„Wenn ich aus meinem Gleis gesprungen bin und hilflos auf dem Schotterbett dahinkrabble, stellt mich seine Musik wieder fest auf das Gleis zurück", beschrieb es einmal ein passionierter Bahnfahrer. Ich lächelte, als ich das hörte. Was für ein witziger Vergleich!

Mir selbst ist es manchmal, als würde mir Bachs Musik streng und kompromisslos den Kopf zurechtsetzen. Interessanterweise kommen meine umherfliegenden Gedanken tatsächlich jedes Mal zur Ruhe, wenn ich den formalistischen Tonfolgen lausche oder mich seinen Fugen hingebe. Es ist, als würde mich die Musik in Räume locken, wo Vertrauen und Sicherheit mir zuflüstern: „Sei ganz ruhig. Alles wird gut."

Als musikalische Visitenkarte der Menschheit fliegt Bachs Brandenburgisches Konzert seit dem Jahr 1977 als Datenplatte durch das All. Als die Amerikaner ihre Raumsonde „Voyager 2" in den Weltraum schossen, reisten musikalische Grüße von Bach, Mozart und Beethoven mit ihr – als Grüße an unsere außerirdischen Nachbarn.

Wenn Vitaliy große Musik spielen möchte, wählt er Bach. Tiefe Ehrfurcht vor dem großen Komponisten schwingt durch seine Antwort auf meine Frage, was ihn an Bach so fasziniert.

„Bach war ein Phänomen und hat wunderbare Musik geschrieben. Seine Musik klingt, als würde sie aus dem Himmel kommen. In seiner Musik bekomme ich alle Antworten auf meine Fragen, ohne Worte. Es ist Weltmusik, heilig und ewig. Wie das Leben."

**Wir wissen intuitiv um
die Heilkraft von Musik.**

KAPITEL 14

Gegen Kopfweh

„Was spielen Sie, wenn Sie Kopfweh haben?"
„Ich gehe schlafen."
Hoppla! Damit hatte ich nicht gerechnet. Vitaliy lacht spitzbübisch. Ich lache auch, aber erst nach einer Schrecksekunde. Meine sorgfältig vorbereitete Frage war ins Leere gegangen.
Ob Musik Heilkraft hat, das steckte eigentlich hinter dieser Frage.
„Also, wenn ich Kopfweh habe, dann spiele ich etwas Ruhiges, ein Adagio oder vielleicht Piazzolla", sagt er schließlich, wahrscheinlich nur mir zuliebe.
„Und sonst? Wenn sonst etwas weh tut?" Ich gebe nicht gleich auf.
„Es hängt davon ab, woher der Schmerz kommt. Dorther kommt auch die Heilung." Autsch. Wieder habe ich nichts erfahren.
„Haben Sie vielleicht eine allgemeine Musikempfehlung?"
„Vocalise. Von Rachmaninoff. Das hilft in vielen Fällen."
Das Stück kenne ich, wir haben es gemeinsam gehört. Es ist wunderschön. Eine Antwort habe ich zumindest bekommen.

Musik spielte nicht nur in den Heilungsritualen aller ursprünglichen Kulturen stets eine zentrale Rolle, sondern hat eine grundsätzlich heilsame Wirkung auf Körper, Geist und Seele. Nicht umsonst ist die Musiktherapie heute ein wesentliches Element der modernen Psychotherapie. Allerdings darf hier nicht verallgemeinert werden – Musikgeschmack und die Umstände, unter denen Musik gehört wird, bestimmen den Heilerfolg der Musiktherapie.

Wobei es dann doch einige Verallgemeinerungen gibt, zumindest, was die klassische Musik angeht. Mozarts Musik beispielsweise legt sich wie ein zarter Gazestreifen auf eine wunde Seele, beruhigt, lässt die Welt heller, lichter erscheinen. Sie macht fröhlich, heiter, leicht, schwebend. Mozart war der große Tröster, der, weit über seine Zeit hinaus, eine ganz besondere Musik schuf. Viele große Dirigenten der Welt verehren Mozarts

Musik zutiefst. „Er ist und bleibt der Größte", sagte Daniel Barenboim einmal in einem emotionalen Interview über Mozart.

Bachs Musik hingegen jagt uns durch riesige Musikkathedralen, die uns erschaudern und vor Spannung und Ehrfurcht erstarren lassen. „Mein Herz klopft wie rasend, wenn ich diese Musik höre. So, als würde ich durch etwas durchgetrieben, das mich am Ende in etwas Besseres verwandelt", beschrieb jemand seine Erlebnisse mit der Chaconne. „Wenn ich Bach höre, werde ich tapfer", gestand meine Nachbarin, als wir nach einem Konzert bei einem Glas Wein zusammensaßen.

Alle Weisheitslehren dieser Welt benennen diesen Zustand mit dem Begriff „Transformation". Dieses Wort klingt unglaublich mächtig, unglaublich gewichtig. Aber es muss nicht immer so dramatisch sein. Hin und wieder reicht eine Minitransformation durch ein Musikstück, um uns in unserer persönlichen Entwicklung ein Stück weit voranzubringen.

Manchmal frage ich mich, wie es wohl Musikern ergeht, die diese Musik spielen. Was spüren sie, wenn sie sich einlassen? Wenn sie in dieser Musik versinken? Sind sie ausgeglichener? Zufriedener? Mehr eins mit sich und der Welt?

Wir wissen intuitiv um die Heilkraft von Musik – Mütter singen ihren greinenden Kindern Wiegenlieder, damit diese schneller einschlafen. Untersuchungen haben gezeigt, dass es egal ist, in welcher Sprache das Lied gesungen wird. Es ist die Musik, die ausschlaggebend ist. Sprechen hat bei weitem nicht diesen Effekt. Sterbebegleiter beruhigen ihre Patienten und wiegen sie mit Liedern sanft in den ewigen Schlaf, Komapatienten reagieren positiv auf Musik.

„Ohne Zweifel hat Musik günstige Effekte bei Ängsten, Depressionen und Erkrankungen des Herz-Kreislauf-Systems", schrieb der Chefarzt am Marienhospital Herne, Hans-Joachim Trappe, in der „Deutschen Medizinischen Wochenschrift". Besonders klassische Musik. Aber auch andere Musikrichtungen verbessern den Gesundheitszustand. Musik kann das Denken anregen, den Schlaf fördern, den Blutdruck in Maßen halten, Stress abbauen und die Immunabwehr stärken.

„Es gibt jedoch viele Menschen, die sich genervt fühlen, gestresst oder überfordert sind, wenn sie einem Orchester zuhören müssen", erklärt der Mediziner. Für diese komme beispielsweise Pop- und Rockmusik infrage. Diesen Musikformen schreibt der Internist eine stimmungsaufhellende und bei Müdigkeit anregende Wirkung zu. Sie ist ideal als Begleitung zu monotonen Tätigkeiten, „um bei guter Laune zu bleiben und nicht so schnell zu ermüden". Lateinamerikanisches hingegen steht für Lebensfreude. „Diese Musik ist zur Motivation geeignet, besonders um melancholische Augenblicke zu überbrücken und die Lebensfreude zu steigern", so der Experte, der seit mehr als 40 Jahren auch als Organist tätig ist.

Es hängt vom Komponisten und seinem Werk ab, welcher gesundheitliche Effekt sich auf das menschliche System einstellt. So sei vor allem Musik von Bach, Mozart, Händel, Corelli, Albinoni und Tartini bei Herz-Kreislauf-Erkrankungen empfehlenswert. Eine Studie mit 60 Teilnehmern und Teilnehmerinnen zeigte, dass Bachs Orchestersuite Nr. 3 den Blutdruck um durchschnittlich 7,5 zu 4,9 mmHg senkte. Auch die Herzfrequenz ging um etwa sieben Schläge pro Minute zurück. Danach stiegen Blutdruck und Herzfrequenz bei den Probanden wieder an.

Individuelle Vorlieben bestimmen die Musikrichtung. Nicht jede Musik gefällt jedem Menschen. „Dennoch haben sich bestimmte Musikrichtungen bei bestimmten Erkrankungen bewährt", betont der Mediziner Hans-Joachim Trappe und gibt eine medizinische Musikempfehlung ab, die der klassischen Musik den Vorzug gibt.

Tagtäglich erleben wir selbst, dass man nicht unbedingt ein klassisches Konzert besuchen muss, um diese Werke zu hören. Klassische Musik findet man auf Meditation – CDs, man kann sie unter „Entspannungsmusik" herunterladen, man findet sie auf YouTube, wir hören sie im Wellness-Center, an der Hotelbar, im Einkaufscenter, in Werbespots, ja sogar in Toiletten. Als ich einmal in Tokyo in einer blitzsauberen öffentlichen Toilettenanlage beim Betreten der Kabine den zweiten Satz aus Mozarts Klavierkonzert in A-Dur hörte, war ich entsetzt. Mozarts Adagio auf der Toilette! Befremdet erzählte ich dies dem Reiseleiter, worauf dieser nur lapidar meinte: „Die Japaner lieben Mozart."

Ach so, ja. Man kann seine Liebe höchst unterschiedlich ausdrücken.

Eigentlich sind wir ja selbst Musik, denn unsere Körper schwingen in einem eigenen Rhythmus, unser Atem klingt auf ganz bestimmte Art und Weise, unser Herz klopft laut oder leise und unser Blut singt sein ureigenes Lied. Vielleicht passen bestimmte Menschen deshalb so gut zusammen, weil ihre Körpermelodien in Harmonie miteinander sind. Vielleicht lieben wir Musik deshalb so sehr, weil wir selbst Musik sind.

Wie wäre es, wenn Musik wieder einen zentralen Stellenwert im Leben vieler Menschen einnähme? Wenn wieder mehr gesungen, mehr komponiert, mehr musiziert würde? Nicht bloß konsumiert, sondern aktiv gestaltet? Wenn Musik- und Menschbildung ein Synonym für eine liebevollere, leichtere Welt wäre? Ein freudvollere, eine beschwingtere, eine harmonischere?

Wie wäre es, wenn unser Planet von einer Musikhülle umgeben wäre, einer freudvollen Schwingung, die uns alle zu friedfertigeren, gelasseneren Wesen machen würde? „Du spinnst!", hörte ich, als ich diesen Gedanken einmal in kleiner Runde äußerte, „so etwas gibt es nicht." Vielleicht nicht. Oder wir haben es nur noch nicht erkannt.

**Er denkt bei Italien an Arbeit,
ich an Urlaub.**

KAPITEL 15

Bella Italia

Bella Italia! Immer noch das Urlaubstraumziel vieler Österreicherinnen und Österreicher – Adria, Grado, Venedig. Spaghetti al Dente, flaumzarte Pizza, Vino della Casa und der Duft von Zypressen. Und die italienische Sprache, die wie Musik klingt. Wie klischeehaft, wie wahr!

Der Kompass unseres Herzens ist auf Süden geeicht. Süden, das ist Licht, das ist Sonne, das ist azurblauer Himmel, das ist Meer. Der Süden verheißt Freiheit und Glück, Wärme, Leichtigkeit.

Wenn wir endlich im Süden angekommen sind, haben wir unsere engen Täler hinter uns gelassen, wir werfen Schicht um Schicht unsere schützenden Kleider ab, wir strecken unsere Körper der Sonne entgegen, auf dass sie uns bis in die Knochen erwärmen möge. Wir aalen uns am Strand, schwimmen, gehen essen, gehen tanzen, schlecken Eis, trinken Wein. Unter der warmen Meeressonne werfen wir auch persönliche Begrenzungen ab und lassen uns mitreißen von der leichtfüßigen Eleganza, mit der sich unsere südlichen Nachbarn durch das Leben bewegen. Hier ist vieles nicht so streng wie bei uns, hier ist man flexibel, hier ist man großzügig.

„Wie sind denn die Verordnungen in Italien, konnten Sie spielen, wo Sie wollten?", will ich von Vitaliy wissen. Er spielte viele Sommer lang in nahezu allen oberitalienischen Städten. „Es ist ganz unterschiedlich. In einigen Städten braucht man unbedingt eine Genehmigung, zum Beispiel in Venedig oder in Verona. In anderen Städten wird es nicht so streng gehandhabt." Er lächelt leise. „Der Bürgermeister einer großen Stadt sagte einmal zu mir: Vitaliy, du kannst spielen, wo du willst, ich erlaube dir alles. Du bekommst eine Wohnung und immer gut zu essen. Vegetarisch. Ich bin nämlich Vegetarier."

„Wie kamen Sie auf die Idee, in Italien zu spielen? Sprechen Sie Italienisch?"

Ein Freund, so geht die Geschichte, hatte ihm geraten, nach Italien zu fahren, da die italienischen Städte gute Orte seien, um Musik zu spielen. Also machte sich Vitaliy 2002 auf den Weg nach Italien, zunächst nach Padua. Sein erster Aufenthalt begann gleich mit einem massiven Sprachproblem. Er war davon ausgegangen, dass er sich würde verständigen können, denn die Sprache der Musik ist Italienisch.

Seit die Italiener im 17. Jahrhundert die europäische Musik stark beeinflusst haben, sind bis heute italienische Fachbegriffe in der Musik gebräuchlich. Alle, die Musik machen, sei es auf einem Instrument oder mit der Stimme, kennen die italienischen Fachbegriffe für Tempo, Lautstärke, Klang. Adagio, largo, presto, ritenuto, piano oder forte, um nur einige wenige zu nennen.

„Als ich in Padua ankam, versuchte ich als erstes, einen Parkplatz für mein Auto zu finden. Niemand verstand mich. Mein Musik-Italienisch war nicht hilfreich. Ich versuchte es mit Deutsch, dann mit Englisch, aber nein – Italiano, Italiano, hieß es stets. Ich verstand kein Wort. Es war furchtbar. Endlich traf ich einen Mann, der mir auf Englisch erklärte, wo ich mein Auto parken konnte."

Nach einer Woche traf er einen Architekten, der Deutsch sprach, ihm weiterhalf und ihn bei sich wohnen ließ. „Immer wenn ich in Padua war, wohnte ich bei ihm, er hatte ein großes Haus etwas außerhalb von Padua."

Dann erzählt Vitaliy, wie sehr er sich mit dem Nahverkehrssystem plagte. „Ich musste mit dem Bus ins Zentrum fahren. Das italienische Bussystem ist für Nichteingeweihte undurchschaubar und mein Italienisch war furchtbar schlecht. Ich fand mich nicht zurecht und hätte einmal beinahe nicht zurück in meine Unterkunft gefunden. Ich spielte meistens spät am Abend wegen der Hitze, und abends fahren die Busse anders. Andere Buslinien, andere Intervalle, andere Strecken. Es war immer chaotisch." Aber stets waren viele helfende Hände da, die den Künstler wieder auf das richtige Gleis stellten.

„Waren Sie gerne in Italien?", frage ich und denke Urlaubsgedanken – Sonne, Meer, Dolce Vita. „Ich habe in vielen Städten gespielt, meistens in Padua, dann auch in Venedig, Verona, Vicenza, Mestre, Bologna, Treviso, Udine, Ferrara, Bassano di Grappa und in Chioggia. Ich gab viele Konzerte, spielte auf vielen Privatveranstaltungen und auf der Straße.

Es war stets entsetzlich heiß und sehr schwül. Es war so anstrengend. Oftmals musste ich mein Akkordeon den ganzen Tag herumtragen. Ich war dauernd verschwitzt und oft erschöpft. In der Nacht kühlte es nicht ab und ich vertrage Hitze nicht gut."

Was er mir hier sagt, ist, dass er schwer gearbeitet hat. Er denkt bei Italien an Arbeit, ich an Urlaub. Ich beiße mir auf die Lippen und gestehe mir ein, dass ich keine Ahnung davon hatte, wie körperlich anstrengend seine Arbeit als Musiker ist. Ich erinnere mich, dass er einmal, als ich ihn bat, am Abend noch ein bisschen länger zu spielen, meinte, er wisse nicht, ob er noch genug Kraft habe. Damals hatte ich das nicht verstanden. Jetzt schon.

„Woran erinnern Sie sich, wenn Sie an Ihre Zeit in Italien denken?"

„Ich heiße Vitaliy. In Italien spielte ich oft Musik von Vivaldi. Und so meinten viele Italiener, ich würde Italy heißen und Musik von Vivaldi spielen. Vitaliy-Vivaldi, Vitaliy-Italy, das klingt sehr ähnlich." Er lacht.

„Einmal organisierte Alberto, der Mann, bei dem ich oft wohnte, spontan ein Straßenkonzert für mich. Leider kam ein riesiges Unwetter mit Hagelkörnern so groß wie Hühnereier. Ich hatte solche Angst um mein Auto. Zum Straßenfest kamen daher nur wenige Leute, aber es war trotzdem sehr schön."

„Und in Verona war jemand sehr glücklich."

„Was meinen Sie damit?"

„Ich bekam eine Eintrittskarte für die Opernaufführung in der Arena geschenkt."

Ich schnappe nach Luft. Eintrittskarten für Veranstaltungen in der Arena der weltberühmten Opernstadt sind schwer zu bekommen.

Die ellipsenförmige Arena an der Piazza Brá ist das drittgrößte Amphitheater in Italien und ein Mekka für Opernliebhaber. Sie ist bekannt für ihre hervorragende Akustik und bietet Platz für 25.000 Zuschauer. Wenn die Topstars aus der Opernwelt hier singen, muss man Karten Monate im Voraus bestellen.

„Sind Sie hingegangen? Zur Aufführung?"

„Ich hatte keine Zeit, ich musste ein Konzert spielen."

„Was haben Sie mit dem Ticket gemacht? Verkauft?" Das war sicherlich ein gutes Geschäft, denke ich, wahrscheinlich hat man ihm die Karte aus der Hand gerissen und den dreifachen Preis dafür bezahlt.

„Ich habe sie einem Zuhörer geschenkt. Der war sehr glücklich."

Seit 2002 hat der Künstler in Österreich mehr als 150 öffentliche Konzerte gegeben, zusätzlich zu unzähligen Privatkonzerten und Konzerten auf den Straßen von Graz.

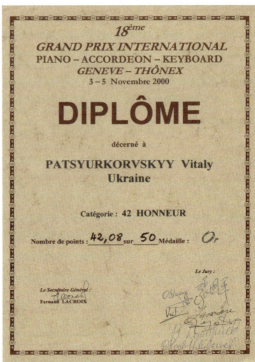

„Es hat Sterne auf mich geregnet." Vitaliy Patsyurkovskyy gewinnt die Goldmedaille bei der Akkordeon Weltmeisterschaft in Genf.

Entspannte Musikgespräche

Vitaliy Patsyurkovskyy umrahmt das „Wintergeheimnis" der Palfauer Wasserlochschenke mit seiner Musik.

Romantische Gartenserenade in der Grazer Katzianergasse

**150.000 Kilometer für die Musik –
von Lemberg (Ukraine) und Breslau (Polen) nach:**

Augsburg (D)	Mestre (I)
Bad Homburg (D)	München (D)
Bassano di Grappa (I)	Neuhagen (D)
Bern (CH)	Nürnberg (D)
Bologna (I)	Padua (I)
Bonn (D)	Pordenone (I)
Chioggia (I)	Salzburg (Ö)
Eberau/Bgld. (Ö)	Stuttgart (D)
Essen (D)	Treviso (I)
Ferrara (I)	Udine (I)
Frankfurt (D)	Venedig (I)
Genf (CH)	Verona (I)
Graz (Ö)	Vicenza (I)
Klagenfurt (Ö)	Wien (Ö)
Köln (D)	Wiesbaden (D)
Kufstein (Ö)	Zell am See (Ö)
Lausanne (CH)	Zürich (CH)
Mainz (D)	

„Ich spiele überall. Ich gebe Konzerte, ich spiele bei Veranstaltungen und auf der Straße. Musik ist mein Leben."

Tangolieder des berühmten argentinischen Komponisten Astor Piazzolla sind ein fester Bestandteil des musikalischen Repertoires von Vitaliy Patsyurkovskyy. Er selbst sagt: „Diese Musik hat mein Herz berührt. Sie war wie eine Himmelsschwingung, eine Heilung. Sie war eine Arznei. Es war, als würde diese Musik meine Zerrissenheit, meine Sehnsucht nach dem Westen, meine Fremdheit, mein Heimweh und alles andere ausdrücken. Diese Musik verstand mich."

Wenn man Vitaliy bei seinem Spiel auf offener Straße beobachtet, könnte man meinen, er befinde sich ganz woanders. Seine Augen blicken unverwandt in die magische Welt, in der seine Musik komponiert wurde, seine Hände fliegen mit Liebe und Hingabe über das Instrument – sein Bestes liegt hier, entstanden aus Jahren des Studiums, der Disziplin, der Ausdauer. Er scheint in den Himmel hineinzugreifen und die Musik herunterzuholen.

**Sie sperrten sein
Akkordeon in einen Schrank.**

KAPITEL 16

Der V-Akkord. VVV

„Hast du den V-Akkord schon einmal gespielt?" Ich grinse meinen Neffen, Musikstudent im letzten Semester, vergnügt an. „Einen V-Akkord?" Er sieht mich verdattert an. Ich kann förmlich sehen, wie es hinter seiner Stirn rattert. „Nie gehört. Was ist das?"

„VVV. Vivaldi – Venedig – Vitaliy."

Der Neffe verdreht die Augen. „Jetzt spinnt die Tante komplett", steht in greller Leuchtschrift auf seiner Stirn, aber er ist zu höflich, um es auszusprechen. Wortlos verschwindet er in seinem Zimmer und schließt geräuschvoll die Tür. Ich kann es ihm nicht verdenken. Die Frage war absurd. Aber faszinierend. VVV. Ein Akkord.

Der rothaarige venezianische Komponist, der ukrainische Akkordeonvirtuose und die Lagunen-Märchenstadt ergäben zusammen wahrscheinlich den ungewöhnlichsten Akkord, den je ein Musiker gespielt hat. Ich spinne den Gedanken weiter. Dur oder Moll? Unbedingt ein Akkord in Dur. Harmonisch, heiter, elegant, prächtig. Schillernd und beschwingt, federleicht wie die laue Luft zur blauen Stunde über dem Canal Grande. Denke ich. Aber es ist anders, wie ich von Vitaliy höre. Und sie passen nicht so gut zusammen, wie ich mir das ausgemalt habe. Der Akkord ist disharmonisch.

Venedig, die vielfach Besungene, die Herzkönigin Abertausender von Besuchern ist eine Zauberstadt, die sich wie eine Fata Morgana aus dem Wasser erhebt und elegant über den glitzernden Kanälen schwebt. La Serenissima, die märchenhafte Wasserstadt, hat etwas Erhabenes, etwas Betörendes. Es gibt keine andere Stadt der Welt, die mit Venedig vergleichbar wäre. Venedig ist einzigartig. Und ebenso einzigartig ist Antonio Vivaldi, der große Musikersohn der Lagunenstadt, der von 1648–1741 lebte. Der berühmte Geigenvirtuose mit dem feinen, fast mädchenhaftem Gesicht und den feuerroten Haaren war als „prete rosso", der „rote Priester" stadtbekannt. Seine Priesterlaufbahn währte allerdings aus gesundheitlichen

Gründen nur kurz, denn Vivaldi war von Geburt an kränklich und litt an einer chronischen Krankheit, wahrscheinlich an Herzschwäche oder einer Form von Asthma. Das Zelebrieren von gesungenen Messen strengte ihn so an, dass er den Priesterberuf aufgeben musste.

Die Musik liebte er ohnehin sehr viel mehr als die Kirche. Nach einem knappen Jahr als aktiver Priester wurde er Geigenlehrer an einem venezianischen Waisenhaus für Mädchen. Er muss ein ausgezeichneter Lehrer gewesen sein, denn die Mädchen entwickelten sich zu hervorragenden kleinen Musikerinnen, die bald über die Grenzen Venedigs hinaus berühmt waren. Später wirkte er als Orchesterleiter, Opernkomponist und Impresario des berühmten venezianischen Teatro Sant'Angelo. Seine Konzerte, die er mit sprühendem Temperament dirigierte, waren musikalische Höhepunkte im venezianischen Kulturleben. Kaum ein Besucher der Stadt verließ die Stadt, ohne ein Vivaldi-Konzert gehört zu haben.

Er komponierte über 100 Opern, wovon 50 überliefert sind, zahlreiche Werke der Kirchenmusik und über 500 Konzerte, davon 241 für Violine als Soloinstrument. Sein berühmtestes Werk, weltweit bekannt und in zahllosen unterschiedlichen Verwendungen, ist „Die vier Jahreszeiten". Jeder kennt die Melodien, auch wenn sie nicht jeder Vivaldi zuordnen kann. Die Vier Jahreszeiten, „Le Quattro Stagione" – wie gelangte eigentlich diese Bezeichnung auf Pizza-Speisekarten??? – ist eine Sammlung von vier Violinkonzerten, wovon jedes eine Jahreszeit porträtiert.

Ich höre Vitaliys Interpretation der „Vier Jahreszeiten" zu und frage mich, was das Besondere an Vivaldis Musik ist und was diese Ergriffenheit auslöst, die die Zuhörer unweigerlich erfasst.

Warum geht diese Musik so unter die Haut? Warum kennt jeder die Klänge dieser Musik? Ist es die Zärtlichkeit der leisen Stellen, ist es die Raserei, die von einem musikalischen Affekt zum anderen führt? Ist es die rokokozarte Anmut, die sich in chromatischen Läufen äußert, ist es die Balance zwischen dem Heiligen und dem Profanen, ist es das Hochfliegende, das jede Zuhörerin und jeden Zuhörer unweigerlich ergreift und emporhebt? Ich weiß es nicht.

Vitaliy spielt das Orchesterstück solo und wieder einmal bin ich fasziniert von seiner Virtuosität.

„Ich spiele Vivaldi sehr gerne, seine Musik ist leicht und berührt mein Herz", sagt er. „Am liebsten spiele ich ‚Winter' am Sonntag auf der Straße. Dann ist die Akustik gut und die Musik flutet durch die Gassen. Und plötzlich kommen von allen Seiten Leute, wie Mäuse, die Käse riechen." Er grinst mich spitzbübisch an. Ha! Ich habe immer vermutet, dass dieser Mann Humor hat, obwohl er stets so ernst wirkt. Vitaliy Patsyurkovskyy wird doch nicht etwa mit seinem Publikum spielen??

Als ich das nächste Mal in Wien bin, besuche ich die Stelle, wo Antonio Vivaldi begraben wurde. Der große Musiker starb 1741 völlig verarmt in der Bundeshauptstadt und wurde auf dem ehemaligen Bürgerspital-Gottesacker nahe dem Karlsplatz begraben. Heute steht dort das Hauptgebäude der Technischen Universität. Ich verneige mich vor der Gedenktafel, die an den großen venezianischen Komponisten erinnert. Ehre, wem Ehre gebührt.

Vitaliys Beziehung zu Venedig ist nicht so leichtfüßig wie Vivaldis Musik. „Ich habe in Venedig immer nur im Sommer gespielt", erinnert er sich, „und es war stets schrecklich heiß und feucht. Ich war den ganzen Tag verschwitzt und ich mag das nicht. Als ich die Akkordeontranskription für Vivaldis ‚Sommer' bekommen habe, spielte ich es bei 40 Grad Hitze. Das Stück ist mit viel Tremolo zu spielen und ich muss den Balg sehr stark ziehen. Ich habe fast einen Herzinfarkt bekommen."
Und dann erzählt er eine Geschichte, bei der nun ich beinahe einen Herzinfarkt kriege.

Die Geschichte, als die venezianische Polizei sein Akkordeon konfiszierte und es verschwand. Das Akkordeon, sein Baján, ist Vitaliys Ein und Alles. Es ihm wegzunehmen ist, als würde man ihm sein Herz aus dem Leib reißen.
„Ich spielte an einem Sonntag und hatte für diesen Platz keine Genehmigung. Es waren viele Touristen da und sie wollten, dass ich mehr und immer mehr spiele. Musik von Vivaldi. Plötzlich war die Polizei da und es gab eine Diskussion – wo ist die Genehmigung, warum spiele ich

ohne Genehmigung, wo ist der Pass, wo sind die Dokumente? Ich spreche nicht gut Italienisch und die Touristen auch nicht. Plötzlich war ich allein mit der Polizei, alle Touristen waren verschwunden. Die Polizisten sagten, ich müsse eine Strafe zahlen – am nächsten Tag per Überweisung, denn es war Sonntag und bis dahin würden sie mein Akkordeon als Einsatz behalten. Nein! Ich halte mein Akkordeon fest. Nein! Niemand rührt mein Akkordeon an. Wieder eine Diskussion. Lange, heftig. Schließlich trage ich mein Akkordeon selbst zur Polizeistation und es wird in einen Schrank gesperrt. Ich habe eine schlaflose Nacht und gehe gleich am Montag früh zur Post, um die Strafe zu bezahlen. Dann will ich schnell mein Akkordeon holen, denn ich habe später am Tag ein Interview mit Radio Veneto und am Abend ein Konzert in Padua. Als ich zur Polizeistelle komme, weiß niemand etwas von einem Akkordeon. Die Polizisten von gestern sind nicht da und der neue Beamte weiß nichts.

Wo es denn sei?, will er von mir wissen. Ich sage, in einem Schrank in einem anderen Zimmer. Er lacht mich aus. Ich bin verzweifelt, mein Italienisch ist so schlecht. Aber in dieser Extremsituation lernte ich blitzartig Italienisch. Ich bleibe hart und sage, dass ich mein Akkordeon zurückhaben will. Jetzt. Ich insistiere. Wo ist mein Akkordeon, wo ist meine Fisarmonica? Sie kostet 10.000 Euro, ich will meine Fisarmonica zurück. Endlich beginnt der Polizist, das Akkordeon zu suchen. Wir gehen in viele Zimmer, bis ich endlich den Schrank sehe. Hier, sage ich, das ist der Schrank. Der Polizist öffnet den Schrank und er ist – leer. Hier ist keine Fisarmonica, sagt er. Ich bin verzweifelt, das ist Stress pur. Der Polizist fragt beim Vorgesetzten nach und nennt mir dann eine andere Straße, wo das Akkordeon sein soll. Es ist die falsche Adresse. Das Akkordeon ist auch hier nicht. Wieder muss ich diskutieren, es wird endlos lang in Listen gesucht, mittlerweile ist es Nachmittag und ich habe noch nichts gegessen. Ich bekomme wieder eine andere Adresse, wo es angeblich ist. Ich suche, finde die Straße aber nicht. Es ist jetzt bereits 17 Uhr und ich bin erschöpft. Endlich sehe ich zufällig ein Gebäude, aus dem derjenige Polizist herauskommt, der mir das Akkordeon abgenommen hat. Er lacht über mich. Wo ist mein Akkordeon, will ich wissen, wo ist meine Fisarmonica? Wieder suchen wir in allen Zimmern nach meinem Instrument, bis wir es endlich, endlich finden. Ich muss es überprüfen, dann wird ein Protokoll gemacht. Es dauert ewig lange, bis es der Beamte mit der Einfingermethode geschrieben hat. Dann fahre ich mit dem Zug nach Padua und gehe zu Fuß ins Zentrum. Das Konzert spielte ich an diesem Abend nicht."

Er schweigt für einen Moment, dann sagt er mit einem rachsüchtigen Glitzern in den Augen: „Das Interview jedoch habe ich gegeben. Radio Veneto sendet in der ganzen Region, auch in Venedig. Ich habe die ganze Geschichte erzählt, lange und sehr ausführlich."

„Der Instrumentenkoffer war so schwer von Geld, dass wir ihn kaum tragen konnten."

KAPITEL 17

Deutschland. Das Geld so schwer.

Der Lockruf des Westens erklingt laut und mächtig, Vitaliy kann sich ihm nicht entziehen.

Abenteuerlust schwingt in seiner Stimme, als er davon erzählt: „Ich war schon einmal im Westen gewesen, mit dem Kinderchor in Frankreich. Es hatte mir dort sehr gut gefallen und ich wollte wiederkommen. Als ich an der Berufsschule in Lemberg unterrichtete, kam ein Geiger auf mich zu und fragte, ob ich mit ihm nach Deutschland fahren will, um dort im Sommer zu spielen und Geld zu verdienen. Der Geiger war Absolvent der Hochschule und hatte einen Freund, der ebenfalls Geiger war. Also gründeten wir ein Trio für klassische Musik und dann fuhren wir los, mit dem Bus bis Prag, dann weiter bis nach Nürnberg."

„Sprachen Sie da schon Deutsch?" Vitaliys Deutschkenntnisse sind ausgezeichnet.

„Nein, noch nicht. In der Schule habe ich nur Englisch gelernt. Aber ich lerne Sprachen schnell."

Das stimmt. Neben seiner Muttersprache Ukrainisch spricht er fließend Deutsch, Polnisch, Italienisch und Englisch. Fünf Sprachen, mühelos.

„Der Geiger kannte sich in Deutschland bereits aus, hatte gute Kontakte und organisierte eine Wohnung. Wir stellten ein gutes Programm zusammen und spielten – auf der Straße, in Kirchen, bei privaten Einladungen, auf einer Bühne. Wir spielten viel und wurden rasch bekannt. Aber Nürnberg ist klein und so beschlossen wir, es einmal in Frankfurt zu versuchen und fuhren dorthin." Vitaly lacht fröhlich, als er sich erinnert.

„Wir haben dort an einem Tag so viel Geld verdient, dass wir es kaum tragen konnten."

„Wie bitte?" Ich verstehe nicht, was er meint.

„Die Leute warfen ununterbrochen Münzen und Scheine in unseren Instrumentenkoffer. Berge von Geld. Am Ende des Tages war der Koffer so schwer, dass wir ihn kaum tragen konnten." Ich lache herzlich, als ich das höre. Was muss das für ein irres Gefühl sein, einen Berg Geld nach Hause schleppen zu müssen! Schweres Geld, fürwahr!

„Wir haben uns das Geld geteilt und beschlossen, wiederzukommen. Obwohl die Prozedur mit dem Visum immer kompliziert war. Wir konnten nicht einfach kommen, wann wir wollten. Wir mussten jedes Mal ein Konzertprogramm vorlegen. Bei jedem Visumsantrag wurde uns eine Liste mitgeschickt, wo wir eintragen mussten, wann und wo wir welche Konzerte spielen würden. Und nur für diesen Zeitraum bekamen wir das Visum, nicht einen einzigen Tag länger. Es war sehr mühsam. Aber das war es wert."

„Wie lange haben Sie in Deutschland gespielt?"

„Als Trio waren wir eine Zeitlang zusammen. Wir konnten nur in den Ferien kommen, denn ich unterrichtete in Lemberg an der Musikkunstschule und hatte nur dann frei. Einer der Geiger war Student, er musste im Herbst ebenfalls zurück an das Konservatorium."

„Und danach? Sie spielten ja länger in Deutschland. Wie ging das weiter?"

„Unser Trio löste sich auf. Die beiden Kollegen wollten keine neuen Stücke mehr einstudieren, sondern nur schnelles Geld machen. Aber wenn du Stücke zu lange spielst, werden sie schmutzig und du spielst sie ohne Seele. Nur mehr automatisch, wie ein Roboter. Da gibt es dann keine Weiterentwicklung, im Gegenteil. Wir entwickelten uns nach unten, wir wurden immer schlechter. Ich habe aufgehört, mit ihnen zu spielen."

Vitaliy schaut ins Nichts, bevor er sagt: „Ich beschloss, es allein zu versuchen. Es war furchtbar. In der Ukraine sind Straßenmusiker nichts als Bettler. Ich schämte mich so und bin nach zwei Tagen nach Hause gefahren."

Im nächsten Jahr kam er wieder und spielte seither bis auf wenige Ausnahmen allein. „Ich habe mich daran gewöhnt." Seine Sommermonate sind ausgebucht mit Konzert- und Auftrittsterminen. Manchmal spielt er bis zu drei Konzerte an einem Tag und pendelt mit einer Wochenkarte zwischen den Städten Mitteldeutschlands hin und her. „Augsburg, Mainz, Bonn, Stuttgart, Wiesbaden – ich habe überall gespielt und

Konzerte gegeben, sogar ein paar Tage in München, aber dort war das Wetter so schlecht. Ich hatte viele interessante Erlebnisse und habe viele gute Menschen kenngelernt. Einmal bekam ich sogar das Angebot, in Bad Homburg eine Musikschule zu leiten. Ich wartete zwei Jahre lang auf die Arbeitsgenehmigung, aber letztendlich scheiterte alles an der Bürokratie. Als Ukrainer in der EU Arbeit zu finden war unmöglich."

An bürokratischen Hürden zu scheitern, ist tragisch. Aber: Wir hätten den großartigen Musiker nie kennengelernt, wenn es anders gekommen wäre.

Was sagt er dazu? „Schicksal."

Wer mit erhobenem Kopf und exakt bemessenen Schritten quer durch einen Saal tanzt, wer sich die ganze Nacht von den schwermütigen Klängen der argentinischen Tangomusik davontragen lässt, geht beschwingt und glücklich nach Hause.

KAPITEL 18

„Warum Tango Argentino?"

„Im Jahre 1913 erließ der deutsche Kaiser Wilhelm der Zweite ein Dekret, in welchem er seinen Soldaten das Tanzen eines anrüchigen und die Moral zersetzenden Tanzes namens ‚Tango' verbot. Die Bayern, ebenfalls stets auf öffentliche Moral bedacht, folgten ein Jahr später", lese ich auf Wikipedia.

Nun ja, aus den damaligen Moralvorstellungen heraus ist das möglicherweise tatsächlich zu verstehen. Der Tango und besonders der Tango Argentino ist ein sinnlicher Tanz. Getanzt wird Wange an Wange, Oberkörper an Oberkörper. Der Mann umschlingt fest die Mitte seiner Tanzpartnerin, sie seinen Nacken. Sie liegen einander praktisch in den Armen. Kein Wunder, dass der Kaiser nervös wurde.

Nur von der Taille abwärts ist das Tanzpaar getrennt, hier vollführen Beine und Füße komplizierteste und atemberaubendste Schrittfolgen. Der Tango Argentino gilt seit 2009 als „immaterielles Kulturerbe der Menschheit" und wird von der UNESCO geschützt.

Ursprünglich jedoch war der Tango ein Männertanz und mehr Kampf als Sinnlichkeit. Die mehrheitlich italienischen Einwanderer in den Armenvierteln von Buenos Aires des 19. Jahrhunderts litten unter großen wirtschaftlichen Problemen und unter grauenhaftem Heimweh. Viele fanden Vergessen in Spielhöllen, Bordellen oder in der Musik. Da es jedoch viel zu wenige Frauen unter ihnen gab, tanzten die Männer miteinander, aber es war kein leidenschaftliches Wiegen, sondern ein beinharter Kampf um die Vorherrschaft beim Tanz.

Ich frage Vitaliy, ob er Tango tanzt.

„Ich tanze nicht." Ach! Ich sehe ihn erstaunt an. „Tanz ist mir nicht so nahe. Ich habe fast nie getanzt. Ich begleite. Ich spiele. Die Leute tanzen – ich habe schon alles gesehen." Hmhm. Das kann ich mir vorstellen!

„Haben Sie nie versucht, tanzen zu lernen? Sie sind ja musikalisch!"

Er denkt eine Weile nach, dann sagt er: „Weißt du, jeder hat von Natur aus etwas Eigenes bekommen, seinen eigenen Charakter, eigene Bewegungen, die Möglichkeit, etwas Besonderes zu tun. Wenn er oder sie das dann macht, wirkt es ganz natürlich. Wenn jemand anderer dasselbe macht, merkt man, dass etwas nicht stimmt. Die Leute merken das sofort. Ich habe mit meinem Akkordeon viel Zeit verbracht, es ist ein Teil meines Lebens. Ich habe nie ein schlechtes Gefühl, wenn ich mit meinem Akkordeon bin. Aber tanzen? Nein."

Kurze Pause. „Wenn Menschen tanzen, weil sie dafür geboren wurden, machen sie das gut." Nochmals kurze Pause. „Vielleicht kommt auch für mich einmal eine Zeit zum Tanzen. Wer weiß?"

Nun, Tanz hin oder her, seine Tangomusik jedenfalls wird von seinem Publikum heiß geliebt und ist ein Verkaufsmagnet seiner CDs. Er hat Werke des berühmten Astor Piazzolla in seinem Repertoire, am begehrtesten sind der „Libertango" und „Oblivion".

„Oblivion" heißt aus dem Englischen übersetzt: „Das Vergessen". Wen oder was wollte Vitaliy wohl vergessen, frage ich mich leise, nachdem ich eine kleine Andeutung höre, es sei eine emotional schwierige Zeit gewesen. Ich bohre nicht nach. Es muss nicht über alles geredet werden. Seit damals jedenfalls spielt er Tango.

„Tango, das ist ein trauriger Gedanke, den man tanzen kann" – dieser Ausspruch stammt von Enrique Santos Discépolo, einem der ganz Großen des Tangos, Komponist und Texter. Viele argentinische Tangotexter stammten aus der Arbeiterklasse. In ihren Liedern ging es um die teilweise erbärmlichen Lebensbedingungen in der Vorstadt von Buenos Aires und um den Alltag der Arbeiter. Tangolieder erzählen von Leidenschaft, von enttäuschter Liebe, Heimweh, Traurigkeit und Schmerz. Auch Astor Piazzolla, dessen Lieder Vitaliy so meisterhaft spielt, sagte über diese Musik: „Tango, das ist in Klang umgesetzte Melancholie."

Aber neben aller Melancholie wohnt dem Tango Argentino auch eine gewisse schwere Süße inne, eine Erinnerung an verrauchte Cafés um Mitternacht, eine Ahnung von Leidenschaft und Schmerz. Von Zärtlichkeit. Von Tragik. Auch traurige Musik kann glücklich machen. Wer mit erhobenem Kopf und exakt bemessenen Schritten quer durch einen Saal tanzt, wer sich die ganze Nacht von den schwermütigen Klängen der argentinischen Tangomusik davontragen lässt, wird danach trotzdem beschwingt und glücklich nach Hause gehen.

Als ich bei Vitaliy vorsichtig nachfrage, wie er zum Tango kam, erhalte ich eine sehr offene Antwort: „Diese Musik hat mein Herz berührt. Ich habe sie in Deutschland zum ersten Mal gehört. Sie war wie eine Himmelsschwingung, eine Heilung. Sie war eine Arznei. Es war, als würde diese Musik meine Zerrissenheit, meine Sehnsucht nach dem Westen, meine Fremdheit, mein Heimweh und alles andere ausdrücken. Diese Musik verstand mich. Ich war überglücklich, als ich die Noten für den Libertango bekommen habe. Ich habe sie transkribiert, damit ich das Lied auf meinem Akkordeon spielen kann. Damit ich es allein spielen kann, ohne Orchester, ohne Geigen. Die Noten, die ich bekam, waren zu klein für mein Akkordeon, denn sie waren nur für das Bandoneon geschrieben worden. Aber jetzt spiele ich Tango wie ein Orchester."

Ein unergründlicher Blick streift mich.

„Tango ist Tango. Eine ganze Welt. Eine neue Richtung, ein neues Leben."

„Wo ist die Grenze? Wo ist die Grenze?"

KAPITEL 19

Autokilometer: 150.000

„Wie viele Autokilometer sind Sie eigentlich für die Musik gefahren?"

Vitaliy beginnt zu rechnen. Sein derzeitiges Auto ist sein drittes. 150.000 Kilometer in 25 Jahren, rechnet er aus, das sind 6000 Kilometer pro Sommersaison. Ganz schön viel.

„Von meinem ersten Verdienst in Deutschland kaufte ich mir einen gebrauchten Opel Kadett. Er war rot, wie dunkle Kirsche, ein sehr gutes Auto." Vitaliy strahlt. „Das war 1997. Ich bin damit nach Hause zu meinen Eltern gefahren, obwohl ich mehrere Jahre lang kein Auto gelenkt habe. Ich fuhr sehr langsam, obwohl es damals auf den Straßen sehr gefährlich war wegen der Überfälle."

Wie? Was meint er damit?

„Es war damals sehr gefährlich, durch Polen zu fahren. Alle fuhren schnell, um nicht überfallen zu werden. Ich hatte mein Akkordeon im Auto und all mein verdientes Geld. Es war wirklich gefährlich. Aber ich wollte keine Probleme wegen Schnellfahrens bekommen, denn dann hätte ich immer Schwierigkeiten mit dem Visum gehabt. Außerdem hatte ich keine Fahrpraxis."

Sein bester Freund Martin Huber fragte mich einmal, ob ich schon mit Vitaliy mitgefahren sei. „Nur einmal kurz, als er mich wo abgeholt hat."

„Dann weißt du also nicht, wie langsam er fährt?" Nein.

„Wenn er so langsam spielen würde, wie er Auto fährt, würde er nie fertig werden."

Vitaliy: „Martin fährt sehr schnell. Als ich einmal einen Zug versäumte, ist er dem Zug so lange nachgerast, bis wir ihn eingeholt hatten. Mir ist erstmals in einem Auto schlecht geworden."

Martin: „Vitaliy spielt wahnsinnig schnell auf seinem Akkordeon. Vielleicht ist das langsame Autofahren für Vitaliy so etwas wie sein Ausgleich zu seinem rasenden Spiel. Sein Yin und Yang."

Vitaliy: „Ich bin überall der Ausländer. Ich darf mir keine Probleme beim Autofahren leisten. Ich halte mich an alle Geschwindigkeitsbeschränkungen und alle Verkehrsvorschriften. Es zahlt sich nicht aus, wegen Schnellfahrens Probleme zu bekommen."

Also fuhr er langsam und vorsichtig mit dem ersten Auto, das er sich mit seiner Musik erspielt hatte, nach Hause in die Ukraine. Als er dort ankam, wollten seine Eltern gar nicht glauben, dass er die ganze Strecke gefahren war. Er hatte zwar den Führerschein, war aber sechs Jahre lang nicht gefahren. Auch die ukrainischen Behörden sahen dies kritisch und Vitaliy musste wegen mangelnder Fahrpraxis seine ganze Führerscheinprüfung wiederholen.

Überhaupt waren seine Fahrten in den Westen stets mit Aufregungen verbunden. Es gab noch keine Navigationsgeräte und er verfuhr sich viele Male. „Oft war ich in der Nacht unterwegs, oft habe ich den Weg nicht gefunden, es war immer stressig."

Als er zum Akkordeonwettbewerb nach Genf musste, hatte er nur 24 Stunden Zeit für den Transit durch Österreich. „Österreich ist lang, wenn du es von Ost nach West durchqueren musst. Ich kam aus Ungarn und war schon 13 Stunden unterwegs gewesen. Dann gab es irgendwelche Probleme mit einem Stempel in meinem Pass und ich musste warten … und warten. Die Zeit lief mir davon. Dann musste ich auch noch Strafe zahlen, weil ich keine Vignette hatte. Endlich konnte ich weiter, fuhr und fuhr, aber dann fand ich die Grenze nicht. Ich hatte kein Navi und es war stockfinster. Wo ist die Grenze, wo ist die Grenze, wie komme ich in die Schweiz??? Endlich traf ich in der Finsternis auf jemanden, der mir den Weg wies. Ich fuhr auf einer Schotterstraße, und links und rechts spritzten die Steine weg. Wo war ich?? Endlich sah ich ein kleines Häuschen, das noch beleuchtet war. Ich war bei einem kleinen Grenzübergang gelandet und durfte Gott sei Dank in die Schweiz einreisen. Ich habe im Auto übernachtet, bin am nächsten Morgen nach Zürich gefahren und habe dort den ganzen Tag auf der Straße mein Wettbewerbsprogramm geübt. Dann bin weiter nach Genf und dort…habe ich die Goldmedaille gewonnen." Breites Lächeln.

Auch sein Auto hatte er mehrere Male suchen müssen, weil er sich die Straße, in der er es abstellte, nicht gemerkt hatte. „In Salzburg, als ich beim 83. Internationalen Bachfest spielte, ging ich mehrere Stunden im Kreis, weil ich mein Auto nicht mehr fand. Ich hatte es unter einem großen Baum geparkt, aber wie hieß bloß die Straße?? Auch in Italien ist mir das passiert. So etwas ist nervenaufreibend."

Dann erzählt er von einem Ereignis, das offenbar zu seinen Alptraum-Erinnerungen zählt. Es war in Italien um den Ferragosto, dem großen Feiertag im August. Vitaliy hatte sein Auto in einer Straße in einem Außenbezirk geparkt und spielte in der Innenstadt von Padua. Als er am Abend zurückkam, sah er, wie sein Auto gerade auf einen Abschleppwagen geladen wurde.

„Alle anderen Autobesitzer hatten ihre Autos rechtzeitig weggestellt, denn am Abend musste die Straße für ein Feuerwerk frei sein. Es hatte Schilder gegeben, die das ankündigten, aber die hatte ich nicht gelesen. Nur mein Auto war noch da, und auf der Windschutzscheibe klebten mehrere Strafzettel. Die Polizei war gekommen und man hob mein Auto gerade auf den Abschleppwagen. Es war ein schreckliches Bild. Ich lief hin und versuchte, sie davon abzuhalten."

Es folgt ein langes Palaver, bis es Vitaliy schließlich gelang, die Abschleppfirma von ihrem Vorhaben abzubringen. „Dann musste ich Strafe zahlen – zuerst die Kosten für den Abschleppwagen und dann noch die Polizeistrafe. Es war sehr teuer."

Er seufzt. „Ich habe oft Strafe bezahlt, aber nie für Schnellfahren."

Dann stutzt er kurz. „Doch. Einmal bin ich ins Radar gefahren. In der Schubertstraße in Graz." Ausgerechnet in Graz!!

„Ich habe nie aufgegeben."

KAPITEL 20

Vom Aushalten

Manchmal kniest du am Boden. Und die Erde dreht sich weiter, als sei nichts geschehen. Irgendwann stehst du auf, holst zittrig Luft und machst einen wackeligen kleinen Schritt, dann noch einen. Siehe da, es geht. Du machst weiter, tapfer, auch wenn du angeschlagen bist. Unsere körperlichen und seelischen Narben sind Zeichen eines gelebten Lebens. Wir haben Schwierigkeiten mehr oder weniger gut gemeistert – wir sind hier. Wir stehen vielleicht nicht mehr ganz gerade, wir sind aber auch nicht zerbrochen. Vielleicht haben wir schlimme physische und psychische Verletzungen erlebt, aber wir haben das Lachen nicht verlernt. Das Gefäß, das zerbrochen war, wird wieder zusammengeklebt. – In Japan heißt das Kintsugi. Es ist die Technik, bei der eine zerbrochene Keramik mit einem Lack repariert wird, der goldenes oder silbernes Puder enthält. Das Gefäß wird wieder „heil" gemacht. Der Makel wird in etwas Kostbares verwandelt.

In unserer Verletztheit sind wir schön.

Resilienz ist das, was uns immer wieder aufstehen und unverdrossen weitermachen lässt. Die Fähigkeit, Schwierigkeiten oder Schmerzen auszuhalten, ohne dabei Schaden zu nehmen. Es ist die Widerstandsfähigkeit gegen die Widrigkeiten des Lebens. Schlicht formuliert bedeutet es, bei Windstärke eins nicht sofort umzufallen. Aushalten zu können. Durchhalten zu können.

Als ich Vitaliy zuhöre, welchen behördlichen Schikanen er jahrelang ausgesetzt war, welche Erniedrigungen durch Polizei und Ordnungskräfte er aushalten, welche Demütigungen er ertragen musste, wird mir bewusst, dass ich keine Ahnung davon habe, wie es Fremden bei uns ergeht.

„Ein Visum für den Westen zu bekommen, war eine nahezu unlösbare Aufgabe. Besonders, als ich noch in der Ukraine lebte. Das Visum war zeitlich stets strengstens begrenzt und die Behörden wollten einfach alles wissen. Wo ich wie lange bleiben will, welche Konzerte ich wo und wann spiele, in welchen Hotels ich übernachten werde." Er sieht mich an, immer noch Verletztheit im Blick.

„Ich musste immer wieder nach Kiew fahren, in die Botschaft. Immer hin und her. Das sind jedes Mal 500 Kilometer mit dem Zug. Ich musste stundenlang, tagelang warten. Sie wollten eine Hotelbestätigung und eine Bestätigung der Vorauszahlung. Auch das tägliche Taschengeld musste ich im Voraus nachweisen. Das konnte ich natürlich nicht vorlegen. Also habe ich mit meiner Bank verhandelt und es gab eine kreative Lösung. Als ich das endlich alles beisammen hatte, wurde mir von den österreichischen Behörden das Transitvisum verweigert." Auch dieses Problem wurde kreativ gelöst, unglaublich, welches Glück dieser Mann immer hatte.

„Für den internationalen Wettbewerb nach Genf zu gelangen, war fast unmöglich." Jetzt lächelt Vitaliy. „Den habe ich dann jedoch gewonnen, nach all dem Hin und Her." Im Jahr 2000 wurde Vitaliy Patsyurkovskyy zum internationalen Preisträger des großen Akkordeonwettbewerbs in Genf gekürt. „Ich habe mich zwei Jahre darauf vorbereitet und Tag und Nacht dafür geübt. Ich wollte gewinnen. Und dann ging mein Akkordeon im ersten Durchgang kaputt."

Ich schnappe nach Luft – welche Hürden wollten noch gemeistert werden?

„Und dann?"

„Ich habe das Leder für die Stimmzungen selbst repariert. Im ersten Durchgang des Wettbewerbs war ich daher nicht so gut. Aber dafür im zweiten. Da war ich sehr gut. Es hat für die Goldmedaille gereicht." Stolz schwingt in der Stimme dieses so bescheidenen Mannes.

Was für eine Ausdauer, welcher Kampfgeist, welch Durchhaltevermögen stecken hinter der Fassade dieses Weltklassemusikers.

„Es waren vor allem die Grenzkontrollen, die für mich als Ukrainer stets sehr schwierig waren. Alles wurde penibel kontrolliert, das Visum, die Passeinträge, alles. Oft dauerte das sehr lange. Ich achtete stets sorgfältig darauf, nur ja keinen Fehler zu machen. Ich hätte nie wieder ein Visum bekommen."

Er schweigt, dann sagt er leise: „Ich war schon als Kind anders, auch das musst du aushalten können. Bei uns zu Hause waren die Leute anders, sie lebten anders. Niemand hat verstanden, dass ich Musik so sehr liebe. Das war oft sehr schwer für mich. Aber ich habe nie aufgegeben."

Was für ein unbeugsamer Wille, für die Musik zu leben!

Ich starre ihn fasziniert an und denke insgeheim, wie glücklich wir Grazerinnen und Grazer uns schätzen dürfen, ihn bei uns zu haben.

„Als ich das erste Mal im Westen war – in Frankreich, mit einem Kinderchor, war ich überwältigt. Es war alles so sauber, so schön. So großartige Häuser, so gutes Essen. Seit damals bin ich immer wieder gekommen." Er spielt ein paar zarte, federleichte Töne, die ich als die ersten Takte des Frühlingsstimmenwalzers von Johann Strauss erkenne. Meine Füße beginnen wie von selbst zu wippen.

„Ich habe immer davon geträumt, dass dieses Bitten und Betteln um das Visum eines Tages aufhören würde. Dass das Warten-Müssen einmal aufhören würde. Und so ist es gekommen. Ich bin nach Polen gezogen, und Polen ist jetzt in der EU. Ich bin frei." Eine stille Würde, gepaart mit Verletzlichkeit, breitet sich auf seinem Gesicht aus.

Was ist es, frage ich mich, das die Menschen wie Schutzengel um ihn herumflattern lässt? Alle wollen ihm helfen, alle wollen ihm Gutes tun. Was klingt in uns an, wenn wir auf ihn treffen, welche verborgenen Saiten berührt er in uns? Was spiegelt er, das wir selbst an uns nicht erkennen?

Es muss etwas Schönes, etwas Grandioses sein. Etwas, an das wir uns erinnern, wenn wir ihm begegnen. Vielleicht die Erinnerung an unsere eigene Stärke, an unser eigenes Aushalten-Können.

„Zu wenig!", sagt Vitaliy, „20.000 Stunden!"

KAPITEL 21

Die 10.000-Stunden-Regel

10.000 Stunden üben in den ersten zehn Jahren.

Das ist es, was einen sehr guten Musiker von einem Durchschnittsmusiker unterscheidet. Übung macht den Meister, auf beinahe alle Bereiche des Lebens könnte man dieses banale Sprichwort umlegen. Ein Profisportler formulierte es einmal unverblümt, während er demonstrativ an seinem schweißdurchtränkten T-Shirt schnüffelte: „Meine Erfolge bestehen zu neunundneunzig Prozent aus Transpiration."

Wenn man es anders rechnet, würde die 10.000-Stunden-Regel 417 Tage ununterbrochenen Übens bedeuten, also mehr als ein Jahr des Übens, 24 Stunden pro Tag. Am nachvollziehbarsten ist die Umrechnung der 10.000-Stunden-Regel in Übungs- oder Trainingsstunden pro Tag: Mindestens 3–4 Stunden täglich, 10 Jahre lang.

Eine Panflöten-Virtuosin, die als Solistin Vivaldi-Konzerte in italienischen Konzertsälen gibt, gab einmal einen grimmigen Einblick in ihren Übungsalltag als Profimusikerin. „Ich übe bis zu zehn Stunden täglich. Meine unteren Zähne sind schon locker vom dauernden Anpressen der Panflöte. Meine Zahnärztin hat mir geraten, sofort mit dem Spielen aufzuhören, sonst würden mir die Zähne ausfallen. Das kann ich nicht, ich gebe demnächst ein großes Konzert." Mittlerweile spielt Andreea Chira mit einer Zahnschiene und besitzt noch alle ihre Zähne.

Die 10.000-Stunden-Regel basiert auf einer These des amerikanischen Psychologen Anders Ericsson aus dem Jahr 1993, welche die alte Volksweisheit „Übung macht den Meister" bestätigen soll. Denn hinter jedem herausragenden Erfolg steht zu einem Gutteil Blut, Schweiß und Tränen, egal, ob als Tänzerin, Spitzensportler oder anderer erfolgreicher Mensch.

Anders Ericsson stellte dies fest, als er die Lebensläufe von Studenten einer Musikakademie verglich: Die besten Studenten des Jahrgangs hatten schon seit frühester Kindheit regelmäßig mehr Stunden mit dem Üben verbracht als ihre mittelmäßigen Kommilitonen.

„Und Talent – spielt das keine Rolle?", diese Frage taucht sofort auf, wenn es um Höchstleistungen geht. Reicht es also, ausdauernd und fleißig zu sein und jahrelang konsequent zu trainieren, zu üben, um an die Spitze zu gelangen, oder braucht es mehr? Talent versus Fleiß also? Ohne Fleiß kein Preis?

Wir alle können diese Frage beantworten, wir wissen das selbst. Wenn wir mit Fleiß, Leidenschaft, Disziplin und Ausdauer lange genug üben, egal, in welcher Disziplin, werden wir es zu einer gewissen Meisterschaft bringen. Dabei ist es egal, wieviel Talent wir haben. Übung macht den Meister. Die Talentierten unter uns jedoch schaffen dann noch den Sprung an die Spitze, während wir anderen unseren Plafond erreicht haben. Aber wir sind immer noch besser als jene, die weniger üben. Und: wir können mit dieser „kleinen Meisterschaft" in unserem Leben viel erreichen.

Vitaliy hat von der 10.000-Stunden-Regel noch nicht gehört. Als ich sie ihm erkläre, lacht er auf und erwidert sofort: „20.000 Stunden!" Mit voller Absicht spielt er einen falschen Akkord und erzählt mir vergnügt: „Ich war ein schlechter Schüler, als ich mit dem Akkordeon begann. Es war sehr schwer für mich, ich war damals erst acht Jahre alt. Und ich war so ungeschickt. Zuerst übst du die rechte Hand, dann die linke, schließlich beide zusammen. Meine erste Akkordeonlehrerin meinte, meine Mutter müsse ihr ein Denkmal errichten, sollte aus mir je ein guter Akkordeonspieler werden. Ich habe zuerst die Musikschule, dann die Fachschule für Musik besucht. Diese dauerte vier Jahre und ich war dort täglich von halb neun bis 22 Uhr. Ich habe für die Schule gelernt, Musiktheorie gepaukt und Akkordeon geübt. Unsere Übungsräume waren im Keller und wir hatten sie nie für uns allein – immer waren andere Musikschüler da – Bläser, Geiger und andere Akkordeonisten. Es war laut, es war chaotisch, aber immer sehr enthusiastisch. Ich habe oft bis Mitternacht geübt, weil es am Abend ruhiger war. Als ich danach sechs Jahre lang am Konservatorium von Lemberg studierte, musste ich mich für Solokonzerte und Wettbewerbe vorbereiten, viele, viele Stunden lang. Ich habe sehr viele Jahre Musik studiert und unglaublich viel geübt, sicherlich mehr als 10.000 Stunden."

„Was macht den Unterschied zwischen denen, die Wettbewerbe gewinnen und den anderen, die gut sind, aber niemals an die Spitze gelangen?", will ich von ihm wissen.

„Du musst es wirklich wollen. Du musst dein ganzes Leben danach ausrichten. Als ich mich für einen großen Wettbewerb vorbereitete, habe ich zwei Jahre lang dafür geübt. Ich hatte keinen freien Tag, kein freies Wochenende, keine Ferien. Du brauchst Geduld, du brauchst Ausdauer. Als Akkordeonspieler musst du viele Stunden sitzen können, das ist für viele schwierig. Du brauchst gute Lehrer, die mit Wettbewerben Erfahrung haben. Du brauchst ein inspirierendes Umfeld. Du brauchst Auftrittspraxis. Du musst durchhalten können, Misserfolge aushalten können. Es ist nicht leicht. Du musst es wirklich wollen."

„Vergleichen Sie sich manchmal mit anderen Musikern?"

„Hin und wieder. Ich kannte einmal jemanden, der spielte so leicht und mühelos, dass ich ihn beneidete. Er konnte einfach alles nach dem ersten Mal Anhören spielen. Der Mann hatte sehr großes Talent. Ich dagegen muss sehr viel üben, wahrscheinlich doppelt so viel wie andere."

Ich betrachte diesen bescheidenen Mann, denke an sein federleichtes Spiel und daran, dass für jeden Spitzenmusiker die große Kunst darin besteht, das Schwierige mühelos erscheinen zu lassen.

„Auf der Bühne darf mir niemand ansehen, dass ein bestimmtes Werk oder eine Passage gerade teuflisch schwer ist", sagte eine große Geigerin einmal im Interview. „Nur wenigen Zuhörern ist bewusst, wie lange ein Künstler, eine Künstlerin daran gearbeitet hat, die vollkommene Note zu spielen, die perfekte Leistung zu erbringen."

Die französische Poetin und Mystikerin Madeleine Delbrêl brachte dies einst in einem Gedicht wunderschön zum Ausdruck:

> ….. Ich sah einen, der eine Zigeunerweise spielte
> auf einer Geige aus Holz,
> Mit Händen aus Fleisch.
> In dieser Geige trafen sich sein Herz und die Musik.
> Die Zuhörer hätten niemals erraten können,
> dass die Melodie schwierig war,
> Und wie lange er Tonleitern üben musste,
> seine Finger verrenken,
> um die Noten und Klänge sich in die Fibern
> seines Gehirns einprägen zu lassen.
>
> Sein Körper war fast ohne Bewegung,
> nur seine Finger, seine Arme.
> Wenn er sich lang bemüht hatte,
> die Wissenschaft der Musik zu besitzen,
> so war es jetzt die Musik,
> die ihn besaß,
> ihn belebte,
> ihn aus sich selber hinauswarf
> wie eine tönende Entzückung.
>
> Unter jeder gespielten Note
> hätte man eine ganze Geschichte
> von Fingerübungen, Anstrengungen,
> Kämpfen entdecken können;
> aber jede Note enteilte, als sei ihre Aufgabe erledigt,
> wenn sie durch ihren genauen, vollkommenen
> Klang den Weg
> für eine andere vollkommene Note gebahnt.
> Jede dauerte solange es nötig war.
> Keine ging zu schnell los.

Keine verzögerte sich.
Sie dienten einem unmerklichen und allmächtigen Hauch.

Ich sah auch schlechte Künstler, verkrampft
über zu schwierigen Stücken.
Ihr Spiel offenbarte ihre ganze Mühsal.
Vor lauter Hinsehen hörte man die Musik kaum.
…

Ruhe und Aktivität.
Die Philosophie des notwendigen Gegenpols.

KAPITEL 22

Mach mal Pause!

„Pause ist, wo die Musik atmen kann. Pause ist das, wo der Mensch atmen kann. Pause ist das, wo ich mich von der Musik erholen kann." Ich muss ziemlich verblüfft dreingesehen haben, als mir Vitaliy sein Konzept von Pause erklärt.

„Wie meinen Sie das, Sie erholen sich von Ihrer Musik?"

„Ich mache lange Pausen zwischen meiner Arbeit im Sommer und im Winter oder zwischen den Konzerten. Mindestens drei bis vier Monate. Ich brauche diese Ruhephasen. Danach klingen meine Stücke wieder frisch, ich bin wieder motiviert. Einmal brauchte ich eine zweijährige Pause, so erschöpft war ich vom Spielen. Ich könnte niemals ununterbrochen Musik spielen. Ich bin kein Roboter. Musik spielen darf keine Pflicht sein, Musik braucht Gefühl. Ich kann nicht nur Noten spielen. Musik ist Musik, ist Herz, ist Seele."

Ruhe und Aktivität. Yin und Yang also, die zwei Kräfte des Universums, die ohne einander nicht existieren könnten. Die chinesische Philosophie des Taoismus von den zwei entgegengesetzten Kräften, die miteinander im Einklang stehen, hat mittlerweile Eingang in unser westliches Denken gefunden. Es ist die Philosophie des notwendigen Gegenpols. Das Prinzip des Ein- und Ausatmens, das Prinzip unseres Lebens. Nichts existiert ohne sein Gegenteil. Ohne Licht würden wir Schatten nicht erkennen. Ohne Hunger wüssten wir nicht, wie sich Sattheit anfühlt. Ohne Lärm könnten wir Ruhe nicht wahrnehmen. Ohne Ebbe gäbe es keine Flut. Ohne Lärm würden wir Stille nicht hören. Man könnte die einander bedingenden Gegenpole unendlich weiter auflisten, denn unsere Welt besteht aus diesen.

„Und was machen Sie dazwischen? Zwischen den Musikzeiten?" Und denke mir, dass er die Musikzeiten Arbeit genannt hat, Arbeit im Ausland. Ist das sein Yang? Die Aktivität?

„Ich arbeite in meinem Garten, ich widme mich meiner Frau und meiner

Tochter. Ich baue an meinem Haus herum. Ich grabe einen Brunnen, ich betoniere. Ich bin ein ganz normaler Familienvater." Ist das sein Yin? Der Ruhepol? Oder ist es umgekehrt? Die Frage ist zu persönlich, um gestellt zu werden.

Sein Haus im polnischen Breslau, ein hübsches Reihenhaus mit Garten, hat er sich jedenfalls mit seiner Musik erspielt. Er ist stolz darauf, zu Recht. Wahrscheinlich hat er es bar bezahlt, als Ukrainer mit Aufenthaltsbewilligung für Polen hätte er seinerzeit sicherlich keinen Kredit erhalten, vermute ich. Aber ich frage nicht danach, es wäre unangemessen. „Schwerarbeit", murmle ich unhörbar, „du hast Schwerarbeit dafür geleistet. Hoffentlich wird dies von deinem Umfeld anerkannt und gewürdigt."

Nachdem er mir die Geschichte des Hauskaufes erzählt hat, kehren wir wieder zur Musik zurück. „Auf meinen CDs gibt es lange Pausen zwischen den einzelnen Stücken, länger, als es die Norm ist." Das stimmt, das war mir als Erstes aufgefallen, als ich seine drei CDs hörte.

„Warum?"

„Damit sich die Zuhörer auf die neuen Stücke einstellen können. Es ist nicht üblich, bei Studioaufnahmen so lange Pausen zwischen den Stücken zu machen, aber ich habe das extra verlangt." Er macht eine kleine Pause, bevor er weiterspricht: „Wenn ich von Vivaldi zu Zolotaryov wechsle, oder von Biloshytskyy zu Strauss, kann ich das nicht hintereinander hinknallen. Ich muss auf mein Publikum Rücksicht nehmen. Die Zuhörer müssen mir folgen können. Sie müssen das eine Stück vergessen, bevor sie sich auf das nächste einlassen. Und dafür brauchen sie Zeit."

„Und bei Live-Konzerten? Machen Sie da auch so lange Pausen zwischen den Stücken?"

„Nein, da ist es umgekehrt. Wenn hier die Pausen zu lange sind, klatschen die Zuhörer in die Stücke hinein. Wird hineingeklatscht, ist das Stück gebrochen. Als Musiker muss es mir gelingen, die Konzentration meines Publikums vom Anfang bis zum Ende halten zu können."

Es ist die Kunst des Zurückhaltens, die die gute Dramaturgie eines Musikstückes ausmacht. Zu wissen, wann Zurückhaltung angebracht ist.

„Ritenuto" heißt dies in der Musiksprache, womit eine Zurücknahme des Tempos gemeint ist. Vitaliy beherrscht die Kunst der Zurückhaltung, vielleicht auch deshalb, weil er selbst in hohem Maße zurückhaltend ist. Er ist vorsichtig und abwartend und drängt sich niemals in den Mittelpunkt. Er verfolgt seine Ziele mit Beharrlichkeit und Selbstdisziplin, oft jahrelang, und vermeidet es, kurzfristigen Impulsen sofort nachzugeben.

Dann sagt er etwas Interessantes:

„Die Musik von Bach braucht ein gewisses Tempo. Wenn ich die Stücke von Bach zu lange spiele, verliere ich mein natürliches Metronom, das ich in mir habe. Dann brauche ich den Puls des Metronoms, um mich wieder darauf zu eichen. Und wenn ein Stück langweilig klingt, überprüfe ich es ebenfalls mit dem Metronom, um den Fehler zu finden."

Haben wir etwa alle ein Metronom in uns, das den Takt und das Tempo unseres Lebens vorgibt, frage ich mich unwillkürlich. Sind wir deshalb manchmal unausgeglichen oder werden wir krank, weil wir unser natürliches Metronom verloren haben? Weil wir zu schnell oder zu langsam geworden sind? Weil wir keine Pausen halten können? Weil wir das Gespür für die Balance zwischen Ruhe und Aktivität verloren haben?

Vitaliy Patsyurkovskyy und sein Verständnis von Musik bringen mich zum Nachdenken.

FLOW: Jene Momente, wo wir nichts hinterfragen, nichts kritisieren, niemand sein wollen. Momente, in denen wir uns erlauben, ins Fließen zu kommen.

KAPITEL 23

Im Flow sein

„Alles fließt. Panta Rhei: niemand kann zweimal in denselben Fluss steigen", wusste schon der griechische Philosoph Heraklit im 5. Jhdt. v. Ch. Alles ist in Bewegung, nichts bleibt stehen. Der österreichische Popsänger Rainhard Fendrich wusste es auf Wienerisch: „Nix is fix!"

Das redet sich so leicht und ist es doch nicht. Denn: wenn alles fließt und nix fix ist, sind es auch die guten Momente im Leben, die vorübergehen, nicht nur die schlechten. Das vergessen wir oft, wenn uns ein nonchalantes „Alles fließt" über die Lippen kommt. Und überhaupt fließt auch unser Leben unaufhaltsam dahin, auch hier gilt: „Nix is fix", nichts ist ewig.

Man kann dieses Dahinfließen jedoch auch in einem anderen Zusammenhang sehen. Der ungarische Glücksforscher Mihaly Csikszentmihaliy entdeckte bei seinen Forschungen über Motivation einen Zustand, den es seit Menschengedenken gibt, holte ihn in das Bewusstsein der Öffentlichkeit und gab ihm einen Namen: FLOW.

„Flow", der englische Begriff für „fließen, rinnen, strömen", bezeichnet laut Csikszentmihaliy den mentalen Zustand der völligen Vertiefung und des restlosen Aufgehens in einer beglückenden Tätigkeit, der einen jegliches Zeitgefühl vergessen lässt. Es sind jene Momente, die voller Leichtigkeit, voller Freude und voller Kreativität sind. Kreativität ist keine künstlerische Gabe – sie existiert im Bewusstsein aller Menschen. Sie ist es, die uns allen unbegrenzt Zugang zu Liebe, Glück, Wertschätzung, Gnade und Erfüllung verschafft. Wir alle haben das schon immer gekannt, nur haben wir es nicht FLOW genannt.

Wir kennen jene Zustände, die uns selbstvergessen machen – beim liebevollen Zubereiten einer Mahlzeit, beim konzentrierten Unkrautjäten im Garten, beim Händchenhalten mit einem lieben Menschen, beim Liedersingen rund um ein Lagerfeuer. Beim Schnitzen einer Skulptur, beim Tanzen, in der Meditation. In unserem Leben haben wir Tausende und

Abertausende solcher Momente erlebt – Momente, in denen wir ganz bei uns waren, glücklich, zufrieden und im Einklang mit allem. Es sind jene Momente, wo wir nichts hinterfragen, nichts kritisieren, niemand sein wollen. Momente, in denen wir uns erlauben, ins Fließen zu kommen. Besonders zauberhafte Zustände jedoch sind jene, in denen uns ein anderer ins Fließen bringt, jemand, den wir gar nicht kennen, von dem wir nichts wissen. Der uns großzügig erlaubt, an seinem eigenen Fließen teilzuhaben. Der uns einlädt, mitzukommen in eine andere, eine magische Welt.

Manchmal, wenn ich Vitaliys Musik lausche, und die anderen Zuhörerinnen und Zuhörer betrachte, scheint mir, als würde uns alle eine Art goldener Zauberfaden verbinden, ein fein gewobenes Gespinst aus Hingabe, Liebe und großer Meisterschaft. Wir sind wie eine zarte, leichte Decke, die auf einem unendlich breiten Fluss dahinschwebt.

„Die Leute kommen immer wieder, obwohl sie mein Programm und meine Stücke bereits kennen. Trotzdem kommen sie noch immer."

„Wer bist du eigentlich?" frage ich mich wieder einmal, wage es aber nicht, diese Frage laut auszusprechen. Also frage ich anders, nüchterner, und schelte mich gleichzeitig für meine Hasenherzigkeit.

„Wie fühlt sich FLOW für Sie an, Herr Patsyurkovskyy?"

Wir scheitern sogleich am Wort FLOW, Vitaliy kennt es nicht. Es folgt eine lange Suche im Internet, dann Übersetzungsversuche, zuerst ins Ukrainische, dann ins Polnische, zuletzt ins Englische. Irgendwann habe ich mich offenbar doch verständlich machen können.

„Wenn ich in den Flow komme, wird es in mir finster. Ich schaue auf einen Punkt und dieser Punkt wird immer größer, bis alles Licht ausgeht. Dann bin ich allein und spiele für die ganze Welt. Ich selbst komme in eine andere Welt. Für mich ist das magisch, mystisch. Am liebsten spiele ich in der Dunkelheit, wenn ein paar Kerzen brennen. Scheinwerferlicht ist nicht gut für mich. Und es hängt besonders von der Akustik ab, dass ich in diesen Zustand gerate. Wenn die Akustik gut ist, brauche ich nicht viel Kraft für das Spiel, dann ist alles leicht. Alles ist Leichtigkeit, meine Finger fliegen wie von selbst, ich kann meine Musik hören, ich kann mich mit dem Publikum verbinden, ich spiele für die ganze Welt." Vitaliy lächelt entrückt, als er das erzählt. Mir wackeln die Knie.

„Aber es hängt auch von meiner Tagesverfassung ab." Der Meister ist wieder ins Hier und Jetzt, zu unserem Interview, zurückgekehrt. „Wenn ich Stress mit der Vorbereitung habe, sorge ich mich, kann nicht gut schlafen und ich bin nervös. Dann fließt das Konzert nicht. Obwohl ich mich stets konzentriere, muss ich mich dann noch mehr konzentrieren, und das ist sehr anstrengend. Nach solchen Konzerten bin ich sehr müde."

„Und wie regenerieren Sie sich dann? Vor allem, wenn es bald wieder ein Konzert zu spielen gibt?"

„Ich gehe auf die Straße. Dort spiele ich und spiele, und irgendwann ist der Stress weg. Dann bin ich wieder in mein eigenes Fließen zurückgekehrt." Er wirft mir einen schwer zu deutenden Blick zu. „Ich brauche die Straße. Für meinen FLOW." Dann stellt er FLOW pantomimisch dar. Es ist zum Schreien komisch.

„Jetzt habe ich etwas gelernt. Ich weiß nun, was FLOW bedeutet."

„Graz, das ist wie Familie für mich."

KAPITEL 24

„Graz, Graz, nur Du allein!"

Graz, die steirische Landeshauptstadt, klein, mit nur knapp 300.000 Einwohnern, und weit weg vom mondänen Wien, wird von den Großstädtern immer ein bisschen belächelt. „Ihr seid die hinter dem Semmering", musste ich mir des Öfteren anhören, als ich in die Nähe der Bundeshauptstadt gezogen war. So, als wäre Graz irgendein verschlafenes Provinznest.

Aber Graz kann's. Kaiserliche Hauptstadt von 1379–1619, Kulturhauptstadt Europas im Jahr 2003, Genusshauptstadt, UNESCO Welterbe, Heimat diverser Kulturgroßereignisse wie Styriarte, Steirischer Herbst, Diagonale, La Strada, AIMS, Aufsteirern, Grazer Advent – die Liste ist lang und könnte noch beliebig fortgesetzt werden. Berühmte und berüchtigte Künstler lebten hier, Musiker, Literaten und andere Größen der Kulturszene. Graz brachte große Architekten hervor und beeindruckt mit Bauwerken, die Touristenmagneten sind. Mit historischen Bauten wie dem Schloss Eggenberg, UNESCO Weltkulturerbe, oder dem modernen Kunsthaus, das wie ein fremdartiges Tier mitten zwischen den Häusern des Südtirolerplatzes ruht.

Vier Universitäten, zwei Fachhochschulen und zwei pädagogische Hochschulen sind Ausbildungsstätten für 60.000 Studierende, an fast 900 Schulen werden rund 150.000 Kinder unterrichtet. Graz ist eine Stadt der Kunst und der Bildung, vor allem aber ist Graz eine Stadt der Musik. „Graz klingt", sagt Vitaliy spontan, als ich ihn frage, wie er als Musiker Graz erlebt. „Musik ist in der Luft, in den Steinen, überall. Immer klingt etwas. Überall gibt es Musik. Graz klingt immer."

In unzähligen Spielstätten kann Musik gehört werden, in vielen kleinen Locations, im Opernhaus, in den Kasematten auf dem Schlossberg, im Dom im Berg, im Orpheum, in der akustisch feinen Helmut List Halle, in der Stadthalle, im Stefaniensaal, in den Sälen der Kunstuniversität, im Minoritensaal, in den Kammersälen. Dort spielten seinerzeit Jazzlegenden, noch bevor sie zu solchen wurden. Dollar Brand und seine unvergleichlichen Saxophonklänge ließen mich als junge Studentin für alle Zeiten diesem Instrument verfallen.

Die Grazer Kunstuniversität, Universität für Musik und darstellende Kunst, hat europaweit einen ausgezeichneten Ruf, gilt doch Graz als Jazzhauptstadt und beherbergt seit 1964 das Institut für Jazzforschung. An der Musikuniversität können gleich mehrere Jazzrichtungen studiert werden und viele Grazer Jazzer brachten es zu internationalem Ruf wie etwa Erich Kleinschuster, Karlheinz Miklin, Dieter Glawischnig oder Christian und Wolfgang Muthspiel.

Das Jazz-Angebot in Graz ist groß. Gerechnet auf die Einwohnerzahl gibt es in Graz mehr Jazz-Clubs als in Wien. Regelmäßig Live-Jazz gibt es im „Royal Garden Jazz Club" oder im „Stockwerk". Größere Konzerte finden zumeist im Stefaniensaal oder im Orpheum statt. Zahlreiche Festival-Initiativen lassen das ganze Jahr über Jazzklänge durch die Grazer Luft swingen.

Aber Graz gilt nicht nur als Jazzhauptstadt, sondern auch als heimliche Chorhauptstadt. Man könnte den Eindruck gewinnen, dass jeder, der in Graz lebt, in irgendeinem Chor singt. Profichöre, Semiprofichöre, Laienchöre, Schulchöre, Kirchenchöre, die Zahl ist beinahe unüberschaubar. „Singen ist das Fundament zur Musik in allen Dingen", wusste schon der deutsche Barockkomponist Georg Philipp Telemann.

So hatte der Gesang auch eine Institution nach Graz gelockt, die seit mehr als 50 Jahren in jedem Sommer die Ohren der Grazerinnen und Grazer erfreut. Seit 1971 können Bewohner der Landeshauptstadt jungen Künstlerinnen und Künstlern bei ihren Darbietungen von klassischer Musik zuhören. AIMS, das American Institute of Musical Studies, bringt Sommer für Sommer unzählige Studierende, Lehrer und ganze Orchester nach Graz. Ursprünglich sollte das 1969 in Freiburg gegründete AIMS Sängerinnen und Sängern die Möglichkeit geben, sich mit dem europäischen Opernsystem und dem Vorsingen vertraut zu machen. In den mehr als 50 Jahren, die sie zu uns kommen, haben die Künstlerinnen und Künstler ihr Programm längst auch auf Instrumentalmusik ausgeweitet.

„Viele von ihnen kamen zu mir, wenn ich in den Gassen von Graz spielte, und haben CDs von mir gekauft." Vitaliy zwinkert mir zu, „Wahrscheinlich waren auch ihre Professoren dabei."

Dann erzählt er, wie er eines Tages eine Sopranstimme im Grazer Landhaushof singen hörte. „Es war so schön, dass ich mein Akkordeon zusammenpackte und hinging. Es war ein Mann, der da sang, ich war so überrascht. Ein Japaner, er hatte eine wunderschöne Sopranstimme." Er lächelt in der Erinnerung. „Einmal besuchte ich ein AIMS-Konzert im Stefaniensaal. Ein Mann, der mir immer Schwierigkeiten machte, wenn ich vor seinem Geschäft spielte, sah mich und wäre vor Überraschung beinahe vom Balkon gefallen. Wahrscheinlich dachte er, ich würde mit meinem Spiel so viel verdienen, dass ich mir die Eintrittskarte leisten konnte. Danach war er immer sehr höflich zu mir, wenn er mich traf."

Trifft man Menschen in einem anderen Kontext als üblich, erkennt man sie meist nicht oder ist überrascht. „Auf der Straße denken die Leute oft an Bettler, wenn sie jemanden spielen sehen. Das muss man aushalten können." Vitaliy erzählt, dass ihm junge Musiker oft gestehen, dass sie auch gerne auf der Straße spielen würden, aber nicht den Mut dazu hätten.

„Was raten Sie ihnen dann?", will ich wissen.

„Nichts. Sie müssen es selbst probieren."

Dann erzählt er von dem Harmonikaspieler, der immer nur sonntags spielte. „Steirisch, auf der diatonischen. Er spielte ganz leise. Er wollte gar nicht für ein Publikum spielen. Er spielte nur für seine Lust."

„Wieso haben Sie eigentlich Graz gewählt?"

„Da wollte ich gar nicht hin. Ich wusste nicht einmal, dass es eine Stadt namens Graz gibt." Vitaliy erzählt, dass er im Jahr 2002 auf dem Weg nach Padua gewesen war, um dort wie in jedem Sommer zu spielen. Aber durch die großen Hochwasser, die es in diesem Jahr gab, konnte er nicht wie sonst über die Westautobahn fahren, sondern musste den Umweg über die Südautobahn nehmen. „Dann las ich immer ‚Graz' auf den Autobahnschildern. Graz, Graz, Graz. Dann ‚Graz Ost'. Ich dachte, das schaue ich mir jetzt an."

Was war es, das ihn gerufen hatte? Hatten wir ihn gerufen? War unser kollektiver Lockruf bis zu den Autobahntafeln auf der A2 erschallt? War es der Klang des Wortes Graz, der ihn fasziniert hatte, oder ist das musikalische Wesen der Stadt gar auf Autobahnschildern zu erkennen?

Ich frage ihn danach. „Schicksal." Er lächelt.

„Die gegenseitige Liebe war von Anbeginn da. Als hätten wir nur darauf gewartet, dass er endlich kommt", sagte jemand, der seine Musik über alles liebt.

„Ich war mit dem Rad in der Stadt unterwegs, als ich plötzlich eine Wahnsinnsmusik hörte", erinnert sich der Arzt Johann Schenk. „So gut, soviel besser als alles, was ich je in der Grazer Innenstadt gehört hatte. Weltklasse. Da saß ein Mann mit einem Akkordeon in der Landhausgasse und gab ein klassisches Konzert, Bach, Vivaldi, Marcello, Scarlatti. Ich war total begeistert."

„Ich spazierte mit einer Freundin durch die Stempfergasse, als wir plötzlich Musik hörten. Meine Freundin war Musikstudentin und sagte, da spielt jemand Spitzenmusik. Wir sahen diesen Mann mit seinem Akkordeon und waren platt. So etwas Schönes hatten wir noch nie gehört." Ingrid Grubauer war von Vitaliys Musik so hingerissen, dass sie für mehr als zehn Jahre seine Managerin wurde. „Ich organisierte Konzerte für ihn, Unterkünfte, Privatauftritte, brannte seine erste CD, begleitete ihn auf seinen Reisen. Ich kannte jede Note seiner Stücke. Wir waren ein sehr gutes Team."

Für Vitaliy ist Graz wie eine Heimat. „Wenn ich nach Graz fahre, ist das, als würde ich nach Hause fahren. Hier fühle ich mich wohl, hier bin ich sicher. Hier habe ich so viele Freunde, die mir stets helfen und mir Gutes tun. Immer wieder treffe ich neue gute Menschen in Graz. Ich habe in vielen europäischen Städten gespielt, aber nirgends war es wie in Graz. In den anderen Städten war ich nur zum Geld verdienen und fuhr dann wieder weg – ohne Bedauern. Aber hier bin ich so gerne. Ich spiele an einem Tag auf der Straße und am nächsten im Opernhaus und es macht keinen Unterschied. Hier werde ich als Künstler wahrgenommen und erkannt. Graz ist mein Zuhause."

Das sagte auch Dr. Manfred Bauer, langjähriger Freund und Unterstützer des Künstlers, im Interview. „Vitaliy wohnte mehrmals mit seiner Familie bei uns, wir unternahmen viel zusammen und sind heute noch freundschaftlich verbunden. Ich selbst habe viele Jahre Geige gespielt und weiß daher, wie schwierig es ist, so gut zu musizieren. Er ist ein großer Virtuose."

Vitaliy Patsyurkovskyys ungebrochene Liebe zu dieser Stadt dauert nun schon mehr als 20 Jahre. Er kommt jedes Jahr, manchmal sogar zweimal, im Sommer und im Winter. „Graz ist wie Familie für mich."

Wir alle sind Künstler, Künstlerinnen.

KAPITEL 25

Inspiriere mich. Beschütze mich.

„I Have a Dream" ist der Titel der berühmten Rede von Martin Luther King, die er am 28. August 1963 beim Marsch auf Washington für Freiheit und Arbeit vor mehr als 250.000 Menschen hielt. Fünfzig Jahre später hatten die USA erstmals in ihrer Geschichte mit Barack Obama einen schwarzen Präsidenten. Der Traum hatte sich auf ungewöhnliche Weise erfüllt.

Wir alle haben einen inneren Traum, der uns ein Leben lang begleitet und uns immer wieder auffordert, ihn zur Erfüllung zu bringen – wir alle haben eine Gabe, die uns geschenkt wurde. Eine Bestimmung, wegen der wir auf diese Welt gekommen sind. Unsere höchste Aufgabe ist es, diese Bestimmung zu erkennen, zur Entfaltung zu bringen und so zu einer Quelle der Inspiration zu werden. Durch unsere Einzigartigkeit und unsere hingebungsvolle Bereitschaft, diese unsere Gabe mit anderen zu teilen, werden wir zu Vorbildern, zu Lichtpunkten, an denen sich andere orientieren und weiterentwickeln können. Unsere Welt wäre arm und leer, wenn wir uns dieser Aufgabe verweigern würden. Es gäbe keine Liebe, keine Musik, keine Kunst, keine Inspiration.

Unsere Gabe, unser Talent kann alles Mögliche sein: Die Freundlichkeit, mit der wir Menschen begegnen. Unser Familiensinn. Unser Lächeln, mit dem wir andere glücklich machen. Unser Technikverständnis. Unsere Ausdauer. Unsere Zielstrebigkeit. Unsere manuellen Fähigkeiten. Unsere intellektuellen Fähigkeiten. Unsere Spiritualität. Unsere Empathie und unsere Großzügigkeit. Unser Kampfgeist. Unsere heilende Stimme, unsere heilenden Hände. Unsere Musikalität und unser Kunstverständnis. Unsere Wertschätzung der Natur. Unsere Kunst, für die wir brennen.

Eine Gabe ist jedoch nur dann eine Gabe, wenn sie an die Oberfläche kommen darf, wenn wir sie mit anderen teilen. Wird eine Gabe zurückgehalten, verkümmert und stirbt sie. Werden wir jedoch zum Geschenk und zur Inspiration für uns und für andere, haben wir die Kerze entzündet, die in der Dunkelheit der Nacht brennt und schon von weitem gesehen wird. Die Kunst, unsere Gabe zu leben, ist nicht schwierig. Wir brauchen es nur zu tun. Wir alle sind Künstler, Künstlerinnen.

Wie jedoch erkenne ich meine Gabe? Wie weiß ich, dass ich mit ihr verbunden bin? Woran merke ich, dass ich sie mit anderen teile?

Die Gabe – man könnte sie auch Talent, Begabung, Kreativität, Bestimmung, Gnade oder auch ganz anders nennen, ist das, was uns leicht fällt und uns selbstverständlich erscheint. Manchmal haben wir dafür geübt und immer wieder geübt, bis wir unsere Begabung mit Klarheit und Sicherheit leben können. „Ach, das ist ja nichts Besonderes", sagen wir dann oft, „das ist ganz leicht!"

Es mag uns selbstverständlich und profan erscheinen, unser Heim stilvoll zu dekorieren, weil wir ein Gespür für Ästhetik haben. Unseren Garten hingebungsvoll zu bestellen, weil wir über einen grünen Daumen verfügen. Vergnügt im Chor zu singen, weil uns die Gabe einer schönen Stimme zuteil wurde. Einem anderen anteilnehmend zuzuhören, ein Kunstwerk zu schaffen. Aber es ist nicht selbstverständlich. Es ist jenes Geschenk, mit dem wir hierhergekommen sind. „Gifted" heißt dies in der englischen Sprache, sich herleitend vom Wort „gift", Geschenk. Beschenkt, begnadet – die englische Sprache ist manchmal so viel poetischer als andere Sprachen.

Manchmal jedoch wollen wir unsere Gabe nicht wahrhaben, weil sie uns Angst macht. Wir wollen nicht erkennen, was unsere Genialität, unser einzigartiges Talent ist, weil wir Ablehnung fürchten.

Nicht im Mainstream zu schwimmen, kann tatsächlich eine gefährliche Angelegenheit sein. Wir sind unendlich gefangen in den Moralvorschriften unserer Kultur, in den ungeschriebenen Gesetzen von dem, was sein darf und was nicht. Die Ächtung durch Familie, Angehörige, Freunde und Unbekannte ist schnell da. Das Unverständnis, die Intoleranz. Auch wenn wir uns eine tolerante Gesellschaft nennen und dieses Wort wie eine Fahne vor uns hertragen, sind wir doch unvorstellbar intolerant. Wehe dem, der vom Mainstream abweicht und dies auch noch öffentlich kundtut! Neid ist schnell da. Neid, dass jemand den Mut hatte, sein Leben nach seiner ureigensten Bestimmung zu leben.

Jeder, der seine Bestimmung lebt – und ich bezeichne jeden von ihnen als einen Künstler, eine Künstlerin – kann nur überleben, wenn er beschützt wird. „Schutz, das ist das Wichtigste", sagte einmal eine bekannte Schriftstellerin, „vor allem wenn du deine Kunst öffentlich mit anderen teilst."

Schutz vor bösartiger Kritik, vor harten, deformierenden Worten, vor Neidern, vor Erniedrigung. Schutz vor gut gemeinten Ratschlägen von Eltern oder Partnerinnen und Partnern, die versuchen, den Künstler zu seinem angeblich Besten in etwas zu drängen, das ihn von seiner Freiheit abschneidet. Die den Künstler ins Gefängnis des Mainstreams bringen wollen. Schutz vor Ansprüchen, denen Künstler und Künstlerinnen niemals gerecht werden können.

Künstler können nur überleben, wenn sie ihren Stamm gefunden haben. Menschen, die sie aus tiefster Seele verstehen, die ihnen Schutz gewähren, die für sie da sind. Das kann die eigene Familie sein, wenn die Bestimmung dort gelebt wird. Viel öfter jedoch sind es Freunde, Gleichgesinnte und verständnisvolle Mitmenschen. Menschen, die im gleichen Rhythmus schwingen und in einem wortlosen Einklang sind.

Bei ihnen müssen Künstler nicht ständig versuchen, etwas zu sein, das sie nicht sind. „Hier bin ich zu Hause", erkennen sie erleichtert, „hier werde ich verstanden, hier werde ich unterstützt, hier werde ich inspiriert. Hier kann ich mich erholen, ausruhen. Ich werde beschützt. Hier ist meine Heimat." Wenn Künstler ihren Stamm gefunden haben, gelingt es ihnen leichter, Kompromisse mit den Ansprüchen des Lebens zu schließen. Die Zerrissenheit zwischen dem Leben als Künstler und den Ansprüchen der Gesellschaft, der Familie, der Kultur ist ein Spagat, den kein Künstler, keine Künstlerin je perfekt zustande bringen kann. Aber in der Geborgenheit des eigenen Stammes gelingt dieser Spagat leichter und entspannter.

Ein Künstler, eine Künstlerin zu sein ist eine spirituelle Praxis.

Wir sind nie fertig, wir möchten uns immer weiterentwickeln, wir geben uns nie zufrieden mit dem, was wir erreicht haben, möge es noch so großartig sein. Wir haben immer Hunger. Ein gesundes, inspiriertes Leben verlangt unerbittlich die demütige Bereitschaft zu fortwährenden Neuanfängen und ständiger Weiterentwicklung.

Wenn wir aufhören, Künstler zu sein, sterben wir.

„Wenn ich eine Saison in Graz gespielt habe, stelle ich mein Akkordeon zu Hause in die Ecke und rühre es monatelang nicht an. Ich habe genug." Vitaliy lacht. „Ich habe Pause."

„Und dann?", will ich wissen.

„Irgendwann werde ich unruhig. Ich bekomme Hunger. Zuerst bemerke ich es gar nicht, aber der Hunger wird immer stärker. Bis mein Magen laut knurrt. Dann hole ich mein Akkordeon, und mein Körper, meine Seele entspannen sich. Mein Herz beruhigt sich, alles ist plötzlich gut. Meine Stücke klingen wieder frisch, sie gefallen mir wieder. Ich bin endlich wieder ganz."

Eine Einheit, denke ich bei mir, die beiden sind eine untrennbare Einheit. Und ich erinnere mich, wie sehr sich das Gesicht des Künstlers verändert, wenn er sein Akkordeon umschnallt und zu spielen beginnt. Es wird weich und beginnt, wie eine Blume aufzublühen. Es verwandelt sich. Ich frage ihn danach, unsensibel. Natürlich versteht er nicht, was ich meine, er sieht sich ja selbst nicht. Aber als ich weiterfrage und wissen will, woher er seine Inspiration nimmt, kommt doch etwas.

„Von innen. Die Hauptinspiration ist in mir drinnen. Die Musik auch. Ich bin mit der Quelle verbunden." Er schweigt eine Weile nachdenklich, dann sagt er etwas Merkwürdiges: „Wenn das nicht mehr ist, bin ich hier fertig. Dann werde ich sterben."

Er sagt nahezu wortwörtlich das, was ich einige Tage zuvor bereits geschrieben habe. Eine Gänsehaut nach der anderen kriecht über meine Haut und ich breche das Interview an dieser Stelle ab.

Too much for me.

„Er saß auf einer der großen Milchkannen in unserer Adventhütte. Dort gab er sein erstes Konzert."

Auf das Handy scannen und hören:
Gioacchino Rossini. Figaros Arie aus „Der Barbier von Sevilla".

KAPITEL 26

Auf der Milchkanne

Es ist ein kalter Wintertag in der Grazer Innenstadt vor 21 Jahren. Ein scharfer, feuchter Wind weht um die Ecken, die Passanten verkriechen sich in ihren Mänteln und Kapuzen. Durch die Sporgasse rumpelt ein Lieferwagen, der Lebensmittel und Getränke zu den Adventhütten auf dem Hauptplatz bringt. Dem Musiker, der an der Ecke zur Färbergasse sitzt, fährt er beinahe über die Zehen. Der packt sein Instrument zusammen und sieht dem Auto interessiert nach.

In einer Adventhütte auf dem zugigen Hauptplatz wird gerade an der Weihnachtsdekoration herumgewerkt. Der Hüttenwirt plagt sich mit den Leuchtgirlanden, man hat keine Leiter dabei. Er flucht leise vor sich hin, als plötzlich ein baumlanger dünner Schlaks auftaucht und fragt, ob er helfen kann. „Klar!", brummt der Hüttenwirt, „wir haben nämlich die Leiter vergessen."

So beginnt die Geschichte einer tiefen Freundschaft zwischen einem Obersteirer und einem Ukrainer.

Martin Huber aus Palfau, Sohn des berühmten Bergsteigers Adi Huber, betrieb gemeinsam mit seiner Frau Dorit jahrelang einen berühmten Ofenkartoffelstand im Grazer Advent. „Wir hatten Stress mit unserer Dekoration und außerdem war es eiskalt. Plötzlich kam dieser junge Mann daher und wollte uns helfen. Er war so dünn und sah so jung aus, und völlig durchfroren", erinnert sich Martin. „Wir haben ihm zuerst etwas zu essen gegeben, dann haben wir gemeinsam die Beleuchtung montiert. Er ist ja so groß, dass er überall leicht hingelangt. Er war uns eine große Hilfe. Dann erzählte er uns, dass er aus der Ukraine komme und Akkordeonspieler sei. Spiel uns etwas, baten wir und er gab sein allererstes Konzert – bei uns in der Adventhütte. Er saß auf einer der großen Milchkannen, in denen wir den Glühmost aus der Obersteiermarkt transportierten."

Martin lacht. „Die Akustik war katastrophal, aber alle, die vorbeigingen, waren begeistert." Noch heute glänzen Martins Augen, wenn er davon erzählt. Toccata und Fuga von Bach seien es gewesen, außerdem noch Vivaldi, Scarlatti, Piazzolla und Strauss. „Die bessere Akustik hatte er allerdings ein paar Tage später, als er sein nächstes Konzert gab."

„Und wo war das?"

„In den WC-Anlagen unter dem Grazer Hauptplatz."

Wie bitte? In den WC-Anlagen?

Damals war der Grazer Hauptplatz gerade umgebaut worden und ein Bekannter von Martin Huber hatte irgendwie Zugang zu dem unterirdischen Wasserreservoir für den Erzherzog-Johann-Brunnen. Das große Wasserbecken befindet sich bei den Toiletten. Man begab sich also dort hinunter, Martin, Vitaliy und eine Handvoll Techniker, die an diesem ungewöhnlichen Ort Barockmusik hören wollten.

„Wir waren etwa 10 Leute", erinnert sich Martin, „und die Akustik war phänomenal, selbst für Vitaliy. Unter den Zuhörern gab es einen Tontechniker, der meinte, dass er solche Klangeffekte in einem Tonstudio mühsam und nur mit viel Aufwand erzeugen könne." Martin grinst. „Alles ist dort gekachelt und die Wirkung, die sich durch das Überschlagen der Töne ergab, war überwältigend, unbeschreiblich gigantisch. Es war ein Spitzenkonzert!"

Ich starre ihn perplex an, was ist das für ein schräger Typ? „Wo hast du noch Konzerte für ihn organisiert?"

„Überall in der Obersteiermark, viele Konzerte fanden in Kirchen statt, in Landl, in der Gams oder in Palfau bei der Urnenbeisetzung meines Vaters, der 2015 in Nepal verstorben ist. Auch in Niederösterreich habe ich Konzerte für Vitaliy organisiert, das waren größere Events, mit 200 bis 300 Leuten."

Martin verschnauft kurz, dann erzählt er weiter: „Als ich Trauzeuge bei einem Freund war, konnte in der Kirche keine Orgelmusik gespielt werden, denn die Orgel war vor kurzem kaputt gegangen. Ich erklärte dem Pfarrer, dass ich jemanden hätte, der spielen würde. Danach sagte der Pfarrer ganz erstaunt, dass seine Orgel niemals je so laut geklungen hätte wie dieses kleine Akkordeon."

Bei dieser kleinen Kirche handelte es sich um die Wallfahrtskirche Sankt Sebald am Heiligenstein in Gaflenz in Oberösterreich, einem besonderen Ort für Pilgerinnen und Pilger. „Vitaliy ist die ganze Kirche abgegangen, um den besten Platz zu finden."

Er kennt sich mit Akustik bestens aus, denke ich leise, er MUSS es wissen.

„Wo noch? Wo habt ihr noch gespielt?"

Und dann höre ich die Geschichte vom Konzertort „Berghütte", die unterschiedlicher nicht erzählt werden könnte.

Vitaliy:

„Ich kam gerade vom Spielen in Italien und wollte nach Graz, als mich Martin anrief und sagte, er habe ein Konzert auf einer Berghütte in Tirol für mich organisiert. Ich war noch nie in Tirol gewesen und musste einen anderen Weg als den üblichen nehmen. Wahrscheinlich hatte ich den Namen der Stadt falsch ins Navi eingegeben, denn ich verfuhr mich mehrmals. Wenn du dort in Tirol einen Berg hinauffährst und es war die falsche Straße, musst du wieder ganz ins Tal zurück, denn es gibt keine andere Möglichkeit, keine Querverbindung, keine andere Straße, nichts. Dreimal war ich ganz oben auf einem Berg und dreimal war es falsch. Beinahe hätte ich aufgegeben. Dann sagte mir jemand, ich müsste über die kleine Holzbrücke fahren, über die ich mich zuvor nicht gewagt hatte, dann würde ich an mein Ziel kommen. So gelang es mir dann doch, nach Kufstein zu kommen, wo ich Martin traf. Der sagte, wir müssten nun das Auto wechseln, seine Schwester würde uns mit einem Allrad-Jeep abholen. Dann zeigte er in den Himmel und sagte: Dort oben wirst du heute spielen. Ich schaute hoch und sah weit entfernt ein Licht ganz oben auf einem anderen Berg blinken. Dort? fragte ich entgeistert. Martin nickte, und dann ging es auch schon los, über Stock und Stein, bei rauschendem Regen, in dunkler Nacht. Der Jeep rumpelte über Felsen, durchquerte Wasserläufe und schlitterte an Felswänden vorbei. Ich war froh über die Dunkelheit, weil ich nicht sehen konnte, wo wir fuhren. Ich leide an Höhenangst. Es dauerte mehr als zwei Stunden, bis wir endlich angekommen waren. Es war ein großes Haus aus Holz, wie ein Hotel. Zwei Stockwerke, eine riesige Küche, viele Menschen. Es hatte gerade einen Kletterunfall gegeben und alle waren nervös. Es war nebelig und regnete stark. Eine Gruppe von Kletterern hatte sich verstiegen und die Bergrettung suchte die ganze Nacht nach ihnen. Ich dachte, dass dies sehr gefährlich war. Ich habe das Konzert noch am selben Abend gespielt, aber die Stimmung war wegen des Unfalls angespannt. Am nächsten Tag sind wir wieder zurückgefahren."

Martin Huber:
„Ich hatte gerade in Tirol zu tun und organisierte vor dem nach Hause fahren noch schnell ein Konzert für Vitaliy im Hans-Berger-Haus am Wilden Kaiser. Meine Eltern hatten 1968 in diesem Schutzhaus eine Bergsteigerschule gegründet und die Familie Huber bewirtschaftet diese Hütte seit über 50 Jahren. Ich schlug der Hüttenwirtin, meiner Schwester Silvia, ein Konzert mit Vitaliy vor. Sie holte uns am Parkplatz ab, denn nur sie hat den Schlüssel für den gesperrten Forstweg. Es war eine skurrile Fahrt. Die Straße, die eigentlich nur ein Rumpelpfad ist, war nass und stand teilweise unter Wasser. Manchmal kommt es tatsächlich vor, dass der Weg weggeschwemmt wird, denn er stammt noch aus der Nachkriegszeit. Daher darf er öffentlich nicht befahren werden. Ich bin daran gewöhnt, aber auch ich habe höllischen Respekt vor dem Wasser und vor der Steilwand, der Laferer Wand. Wenn du hier einen Meter danebenfährst, hast du nur noch Zeit für ein kurzes Gebet und das war es dann. Vitaliy hat sich sicherlich sehr gefürchtet."

Martin blickt mich erstaunt an, „Ich wusste gar nicht, dass er Höhenangst hat!"

Martin Huber betreibt mit seiner Frau Dorit am Eingang der Wasserlochklamm in Palfau das bekannte Gasthaus „Wasserlochschenke". Im Sommer kann man dort die allseits beliebten Ofenkartoffel schlemmen, im Winter verzaubert das Ehepaar Huber seine Gäste mit dem mehrgängigen Spezialmenü „Winterzauber", bei dem Vitaliy für die musikalische Umrahmung sorgt. Diese Abende sind mit offenem Feuer, liebevoller Dekoration, einer Schattenkrippe und der Musik des Künstlers ungemein stimmungsvoll.

„Normalerweise mache ich immer ein Programm für ein Konzert, ich spiele niemals ohne. Aber bei Martin geht alles kreuz und quer durcheinander. Er hat ein gutes Gespür für die Stimmung seiner Gäste. Ich spiele immer, was er mir vorschlägt."

„Wenn Vitaliy meint, ein anderes Stück wäre besser, höre ich auf ihn", meint Martin Huber hingegen. Offenbar sind die beiden ein gut eingespieltes Team.

„An welchen ungewöhnlichen Orten haben Sie noch gespielt?", will ich vom Künstler wissen, denn jetzt bin ich wirklich neugierig geworden.

„In Schlössern, in Kirchen, im Kultursalon im Gemalten Haus auf dem Grazer Hauptplatz, unter den Arkaden in Padua, am Strand von Chioggia, auf der Straße, beim Bachfestival in Salzburg, in der Grazer Oper, im Foyer des Bundesdenkmalamtes in Graz, in Wirtshäusern und vor den Cafés in Italien, denn dort darf man drinnen nicht spielen und alle Gäste kommen heraus. Ich spiele überall. Oft werde ich zu privaten Feiern eingeladen, zu festlichen Anlässen, zu Hochzeiten."

Dann erzählt er eine Geschichte, die ihn selbst tief berührt hat.

„Ich wurde eingeladen, um für ein Paar bei seiner standesamtlichen Trauung in Graz zu spielen. Ich saß so, dass sie mich nicht sehen konnten, und spielte ‚Winter' von Vivaldi. Sie gingen im Takt der Musik nach vorne und es war so berührend. Ich hatte eine Gänsehaut." Den Straßenbahnstau, den er in der Grazer Innenstadt verursachte, weil ein Brautpaar unbedingt zu seinen Melodien tanzen wollte, wird wohl auch niemand aus jener Hochzeitsgesellschaft vergessen.

„Als ich einmal bei einem privaten Gartenkonzert ‚Sommer' von Vivaldi spielte, wo Regen und Gewitter musikalisch dargestellt werden, kam tatsächlich völlig überraschend ein Gewitter." Ha! In vielen trockenen Ländern dieser Welt würde er wahrscheinlich als Regenmacher große Berühmtheit erlangen.

„Haben Sie je wieder auf der Milchkanne gespielt?"

„Nein, aber die Freundschaft mit Martin besteht noch immer."

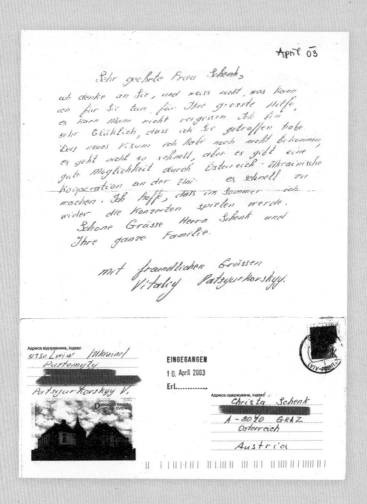

Dankesbrief an Frau Schenk:

„Sehr geehrte Frau Schenk, ich denke an Sie und weiß nicht, was ich für Sie und Ihre große Hilfe tun kann. Das kann man nicht vergessen. Ich bin sehr glücklich, dass ich Sie getroffen habe. Das neue Visum habe ich noch nicht bekommen. Es geht nicht so schnell, aber es gibt eine gute Möglichkeit durch die österreichisch-ukrainische Kooperation an der Uni, es schneller zu bekommen. Ich hoffe, dass ich im Sommer wieder Konzerte spielen werde. Schöne Grüße an Herrn Schenk und Ihre ganze Familie.
Mit freundlichen Grüßen, Vitaliy Patsyurkovskyy"

KAPITEL 27

So viele gute Freunde

„Mein Mann ist Arzt, aber er hat auch ein abgeschlossenes Musikstudium und weiß gute Musik zu schätzen. Eines Tages tauchte er mit einem großen, schlanken Mann bei uns zu Hause auf. Das ist ein Weltklasse-Akkordeonist aus der Ukraine, sagte er, ich habe ihn in der Innenstadt entdeckt. Er ist ganz neu in Graz und kennt sich nicht aus. Wir könnten ihn bei uns wohnen lassen."

Christa Schenk hatte Vitaliy angestarrt und gedacht: „Oh Gott, was gebe ich ihm bloß zu essen? Dieser Mann isst sicher kein Fleisch, er sieht aus wie ein Vegetarier." Der Kühlschrank von Familie Schenk war vollgefüllt mit fleischlichen Genüssen, schließlich wollten die vier Männer des Hauses, der Ehemann und die drei Söhne, gut verköstigt werden.

„Ich habe oft gegessen wie ein Hase", erzählt Vitaliy vergnügt von seiner ersten Zeit im Westen. „Ich bin Vegetarier und esse auch keine Eier. Alle zuckten immer zusammen, wenn ich das sagte. Damals gab es noch nicht so viele Vegetarier. Was ich denn sonst essen würde? Brot? Ja. Salat? Ja. Gut. Also bekam ich jede Menge Brot und Salat. Das war zwar immer sehr gesund, aber manchmal fühlte ich mich wie ein Hase."

Christa Schenk: „Also, Hasenfutter hat er bei mir nicht bekommen. Wir haben uns auf einen Ernährungsmodus geeinigt. Zum Frühstück gab es immer frische Semmeln und Butter mit Honig. Vitaliy liebt süße Sachen. Besonders gerne hatte er meinen Apfelstrudel. Einmal machten wir um Mitternacht Apfelstrudel und der Strudelteig hing über den ganzen Tisch bis zum Boden. An diesem Abend war der Teig besonders geschmeidig und ließ sich so gut ziehen, dass er überall an mir klebte. Ich war über und über voll Teig. Es waren noch andere Leute zu Besuch da und wir haben Tränen gelacht. Während ich also mit dem Strudelteig kämpfte, erzählte Vitaliy von seinem Erlebnis mit den Schaufensterpuppen."

Den Schaufensterpuppen?

„Er spielte vor einem Geschäft und auf der gegenüberliegenden Seite schoben sich plötzlich die Kleider in der Auslage zur Seite und zwischen den Schaufensterpuppen spähten ein paar Augen hervor. Wahrscheinlich wollten die Verkäuferinnen wissen, wer hier so schön spielte, haben sich aber nicht herausgetraut." Christa Schenk lacht herzlich. „Vitaliy hat uns das pantomimisch vorgemacht, es muss für ihn sehr lustig ausgesehen haben. Er hat viel Humor, aber er zeigt es nicht oft. Schau nicht immer so ernst, habe ich ihn daher öfter ermahnt."

Vitaliy bezog das Saunahäuschen unter einer duftenden Glyzinie im Garten der Familie Schenk in einer Gasse nahe dem Griesplatz. Dort war er völlig für sich, mit eigenem Schlüssel und separatem Zugang. Er konnte sein Auto dort abstellen und üben, so lange und so laut wie er wollte.

„Vor seinen Konzerten zog er sich immer zurück, machte alle Fenster zu und übte stundenlang", erinnert sich Christa Schenk. „Zum Frühstück kam er jeden Tag zu mir in die Küche, und deshalb nannten wir seine Unterkunft scherzhaft ‚Sauna mit Frühstück'. Ich fragte, ob ich ihm mit der deutschen Sprache behilflich sein könne und korrigierte ihn, wenn er etwas nicht richtig aussprach oder falsche Formulierungen verwendete. Ich besorgte ihm ein Wörterbuch und er lernte stundenlang hinten unter der Glyzinie. Beim täglichen Frühstück besprach er alle seine Deutsch-Fragen mit mir und am Anfang, als er die Sprache noch nicht beherrschte, erledigte ich auch die telefonischen Konzertanfragen für ihn. Aber er hat mich bald nicht mehr gebraucht."

Vitaliys Deutschkenntnisse sind ausgezeichnet, wohl auch dank Christa Schenks konsequentem Unterricht.

„Was war schwierig für ihn beim Deutschlernen?"

„Es war gar nichts schwierig für ihn. Wenn ich ihm an einem Tag etwas sagte, hat er es am nächsten Tag gekonnt. Er ist sehr beharrlich, wenn er ein Ziel verfolgt. Und er ist sehr klug."

Vitaliy fand sich sehr schnell in Graz zurecht, nicht zuletzt auch deshalb, weil ihm unzählige Menschen helfen wollten. „Ich war immer aufs Neue überrascht, wer ihm wieder weitergeholfen hatte. Als hätte er etwas an sich, das bei den Leuten die Hilfsbereitschaft herauskitzelt." Christa Schenk lächelt kurz. „Er ist aber auch so lieb! Und so bescheiden."

Vitaliy umrahmte zahlreiche Terrassenfeste der Familie Schenk musikalisch, was stets auch ein besonderer Glücksfall für die Nachbarn war. „Alle hingen auf ihren Balkonen und lauschten fasziniert."

Dasselbe sagt auch Hofrat Dr. Friedrich Bouvier, in dessen Garten Vitaliy jahrelang Gartenserenaden gab. Auch die Nachbarsfamilie liebte Vitaliys Musik und so wechselte man sich jährlich mit den Gartenkonzerten ab. Diese Abende in der Katzianergasse müssen überaus stimmungsvoll gewesen sein. Vitaliy erzählte von lauen Abenden bei Kerzenlicht, Herr Bouvier von großartiger Musik und Applaus von den umliegenden Balkonen.

„Es war ein bisschen wie in Italien. Da spielte jemand abends Barockmusik in einem Hofgarten, und überall scharten sich die Leute auf ihren Balkonen, holten ihre Stühle und die Rotweinflaschen heraus und lauschten dem Akkordeonspieler."

Friedrich Bouvier war langjähriger Leiter des Bundesdenkmalamtes in Graz und ist einer der großen Förderer Vitaliys. Im Foyer des Bundesdenkmalamtes in der Grazer Schubertstraße gab der Künstler unzählige Konzerte. „Die Akustik dort ist atemberaubend."

„Wie wurden Sie überhaupt mit Dr. Bouvier bekannt?", frage ich neugierig.

„Über Ingrid."

Ingrid Grubauer, Diplomingenieurin, war der Musik Vitaliys verfallen und hatte jahrelang seine Konzerttermine geregelt, ihm Auftritte verschafft und als eine Art Managerin fungiert. Herr Bouvier war einer ihrer Prüfer bei ihrer Abschlussarbeit.

„Ich habe ihn gefragt, ob es bei der Präsentation im Bundesdenkmalamt eine musikalische Umrahmung geben darf. Es sei ein Künstler aus Lemberg, der Akkordeon spielen würde. Herr Bouvier hatte durch seine berufliche Tätigkeit einen starken Bezug zur Ukraine, besonders zur Stadt Czernowitz. Es gab da eine Kooperation mit den Restauratoren. Die Ukrainer beherrschten noch die alten Restaurationsmethoden, die bei uns erst mühsam wiederbelebt wurden. Herr Bouvier initiierte einen langjährigen wechselseitigen Wissenschaftsaustausch und sagte daher erfreut zu, als er von einem ukrainischen Künstler hörte."

Ich bin immer wieder verblüfft, über welch verschlungene Wege Menschen zusammenkommen.

Durch Herrn Bouviers Fürsprache und Vermittlung kam Vitaliy zu unzähligen Konzerteinladungen in Kirchen, Schlössern und privat, und fasste immer fester Fuß in Graz. „Ich habe so viele gute Freunde in Graz, sie sind meine Familie. So viele Menschen haben mir geholfen. Ich bin allen so dankbar", betont Vitaliy oft und man spürt, dass es von Herzen kommt. „Familie Korth, Manfred Bauer und viele, viele andere auch. So viele Freunde!"

Was sagen jene von ihnen, die ich interviewen durfte, über ihn und seine Musik?

Friedrich Bouvier: „Das Besondere seiner Musik ist, dass bei uns die klassische Akkordeonmusik eher selten ist und ich noch nie jemanden gehört habe, der so wie Vitaliy spielt. Er ist so vielseitig. Er spielt klassische Musik, moderne Akkordeonmusik und einmal gab er einen Abend bei uns, da spielte er vorwiegend ukrainische Volksmusik. Er spielt federleichte Walzer und melancholische Tangos. Er ist ein Ausnahmetalent. Die Menschen spüren das, deshalb hat er so einen Zulauf. Mir tut es ja leid, dass sein Talent von professioneller Seite nie richtig gewürdigt wurde. Kennen tun ihn jedoch alle. Das ist der, der so toll spielt, heißt es dann. Der schlanke Mann mit dem großen Akkordeon."

Bei Hilde Sichler, Antiquitätenhändlerin aus der Schmiedgasse, durfte Vitaliy jahrelang sein schweres Akkordeon einstellen. „Er bekam den Schlüssel zu meinem Lagerraum und konnte sich hinten im Garten auch entspannen. Dafür hat er mir immer die Tangos von Piazzolla gespielt." Sie besuchte Vitaliy 2019 in Breslau und wurde von der Familie sehr freundlich empfangen. „Vitaliy und seine Tochter gaben ein kleines Konzert für mich. Akkordeon und Querflöte. Es war sehr schön."

„Was ist denn das Besondere an seiner Musik?"

„Die Orgelklänge, die er auf seinem Instrument macht. Und die Hingabe, mit der er spielt. Nicht von dieser Welt."

„Nicht von dieser Welt", sagt auch Ingrid Grubauer, langjährige Unterstützerin des Künstlers. „Als wäre er von einem anderen Stern gefallen."

Und Martin Huber aus der Obersteiermark, Wirt in der Wasserlochschenke in Palfau und Vitaliys ältester Freund gesteht, dass Vitaliys Musik ihn zutiefst berührt. „Ich könnte ihm ewig zuhören, besonders, wenn er Barockmusik spielt. Dann wird etwas in mir ganz weit. Ein Gefühl der Zufriedenheit macht sich in mir breit und mein Kopf beginnt leicht zu brummen. Mir wird angenehm warm und mein Energielevel steigt. Vitaliy hat etwas Feines, Fragiles an sich, und ich schätze seine Sensibilität und sein Einfühlungsvermögen. Er ist ein sehr weiser, kluger Mann und vor allem ist er sehr friedlich. Für mich ist er der Knopfakkordeon-Dalai Lama."

Martin sieht mich nachdenklich an. „Man sollte solche Leute einsetzen, um die Konflikte dieser Welt abzuschwächen."

„Wie meinst du das, Martin?"

„Ich glaube, dass seine Musik der Schlüssel ist. Der Schlüssel zu einer friedlicheren Welt."

„Erfolg im Leben basiert nicht darauf, an jedem Scheideweg und bei jedem Problem die richtige Entscheidung zu treffen. Er basiert vielmehr darauf, an ein paar wenigen wichtigen Weggabelungen die richtigen Entscheidungen zu treffen. Und die treffen wir am besten, wenn wir auf unser Herz und seine Botschaften hören."

(John Strelecky,
Autor des Millionenbestsellers „Café am Rande der Welt")

KAPITEL 28

Mut und Freiheit

„Das Geheimnis des Glücks ist Freiheit, das Geheimnis der Freiheit aber ist Mut", wusste schon der griechische Historiker Thukydides, der im 5. Jahrhundert vor Christus lebte. Immer wieder bin ich fasziniert von der Weisheit, die diese alten Griechen besaßen und welch umfassendes Bild von der Welt sie hatten.

Das Wort „Mut" leitet sich vom indogermanischen Muot ab, welches so viel bedeutet wie „Seele", „einen starken Willen besitzen", aber auch „Bereitschaft zu empfinden." Mut zählt zu den sechs großen Tugenden, die allen religiösen und philosophischen Traditionen zugrunde liegen – jene Eigenschaft, die die Kraft verleiht, Altes zu transformieren. Mut bricht Begrenzungen auf, Mut überwindet Widerstände, innere und äußere. Mut führt zur Freiheit echter Selbstbestimmung. Mut ist, wenn man etwas riskierte, scheiterte und feststellte: Man hat das Scheitern überlebt. „Morgen versuche ich es wieder", sagt der Mut ganz leise, wenn Hindernisse unüberwindlich scheinen. „Ich gebe nicht auf."

„Das Geheimnis der Freiheit ist Mut." sagt also Thukydides.

„Was bedeutet Freiheit für Sie?", frage ich Vitaliy.

Die Antwort kommt wie aus der Pistole geschossen: „Frei zu sein von der Grenze."

Er meint die Landesgrenzen, die ihm als Nicht-EU-Bürger so zu schaffen machten. „Ich musste immer bitten und betteln, um ausreisen zu dürfen, um Transit zu bekommen, um in ein westliches Land einreisen zu dürfen. Ich war immer der Schwarze Mann, der Verdächtige, der Fremde."

Im Laufe des Gespräches allerdings schwingt noch etwas anderes mit, das viel mit Freiheit von Begrenzungen zu tun hat. Begrenzungen und Ausgrenzungen, die sich durch sein Künstler-Sein ergeben, durch sein Anders-Sein, durch sein unbeugsames Festhalten an der Liebe zu seiner Kunst.

Vitaliy Patsyurkovskyy ist einer von jenen, die sich nie von ihren Überzeugungen abbringen ließen. Einer jener Künstler, die unbeirrbar ihren Weg gehen und für ihre Überzeugungen leben. Die mithilfe ihrer inneren Stärke dasjenige vertreten, das sie als wahr erkannt haben. Die mutig und entschlossen ihren Bestimmungen folgen, sich Normen widersetzen, Ungerechtigkeiten aufzeigen, Schikanen und Demütigungen aushalten.

Er hat nie klein beigegeben. Immer und immer wieder hat er geduldig allen Widrigkeiten getrotzt, sich ständig neuen Ländern und neuen Gesetzen gebeugt, neue Sprachen gelernt, sich in gefährliche Situationen begeben, sich körperlich verausgabt. Er hat gegen die Regeln seiner Herkunftskultur verstoßen, hat die Identität gewechselt, hat immer wieder von Neuem begonnen. „Jetzt allerdings bin ich ein bisschen müde", gesteht er und man sieht es ihm an.

„Was hat Sie in schwierigen Situationen gerettet? Wenn Sie verzweifelt waren?"

„Die Musik. Ich setzte mich hin, spielte und träumte. Ich träumte mich weg in ein anderes Leben." Vitaliy lächelt leise. „Viele dieser Träume sind tatsächlich wahr geworden." Was wir träumen können, können wir auch erschaffen, heißt es in den Überlieferungen.

Dann frage ich ihn, wie er es mit einer anderen Freiheit hält. Der Freiheit, Entscheidungen treffen zu können und die Richtung zu wählen, in die das Leben laufen soll. Kein leichtes Thema!

Wie oft fürchten wir uns davor, falsch zu entscheiden. Wie oft beschließen wir aus lauter Angst vor dem Unbekannten, alles beim Alten zu lassen. Wie oft lassen wir Möglichkeiten verstreichen, weil wir nicht den Mut für eine Entscheidung haben. Manchmal müssen wir Dinge und Vorstellungen loslassen, über die wir uns definiert haben. Dann werden wir in etwas Neues hineingeboren. Das sind Zeiten, in denen wir wirklich mutig sein müssen.

Ja. Nein. Ja. Nein. Ja. Nein. Ja. Zu spät.

„Wenn der Bus da ist, musst du einsteigen", lautete die Weisheitsregel Nummer eins meiner Tante Resi. „Du weißt zwar nicht genau, wohin er fährt. Aber es ist wichtig, dass du einsteigst, denn womöglich kommt für lange Zeit kein Bus mehr." Sogar als junges Mädchen hatte ich tief in meinem Inneren verstanden, was sie meinte.

„Erfolg im Leben basiert nicht darauf, an jedem Scheideweg und bei jedem Problem die richtige Entscheidung zu treffen. Er basiert vielmehr darauf, an ein paar wenigen wichtigen Weggabelungen die richtigen Entscheidungen zu treffen. Und die treffen wir am besten, wenn wir auf unser Herz und seine Botschaften hören." So John Strelecky, Autor des Millionenbestsellers „Café am Rande der Welt".

Was können wir tun, um Entscheidungen nicht aus Angst, sondern aus Liebe zu uns selbst zu treffen? Wo wir uns entfalten und jene Potenziale ausschöpfen können, mit denen wir hierhergekommen sind? Um nicht am Ende unseres Lebens erkennen zu müssen: „Ich habe so viel verpasst. Ich habe nicht genug geliebt, ich habe meine Träume nicht gelebt. Ich war zu ängstlich."

Ich frage also Vitaliy.
„Wie treffen Sie große Entscheidungen, Herr Patsyurkovskyy?"
„Ich lasse mir Zeit. Ich denke nach, ich meditiere. Ich warte auf ein Zeichen. Ich brauche Zeit, denn schnell ist oft falsch."

Hmhm. Was soll ich dazu sagen? Ich bin schnell. Es gibt Menschen, die mich als Schnellboot bezeichnet haben, als personifizierte Ungeduld. Bedächtigkeit ist nicht mein Ding. Wobei, bei großen Entscheidungen lasse auch ich mir Zeit.

„Gibt es Entscheidungen, die Sie bereut haben?"
„Ja. Jene, wo ich vorzeitig Nein gesagt habe. Seither mache ich das nicht mehr. Ich warte ab – man weiß nie, wohin sich Dinge entwickeln." Ich beschließe, diese Lebensweisheit in meine Gedankenwelt aufzunehmen.

„Er hat mich ein Stück weit in
sein Land mitgenommen.

Jetzt gehe ich glücklich nach Hause
und träume ein bisschen."

KAPITEL 29

Träume

Wenn man Vitaliy bei seinem Spiel auf offener Straße beobachtet, könnte man meinen, er befinde sich ganz woanders. Seine Augen blicken unverwandt in die magische Welt, in der seine Musik komponiert wurde, seine Hände fliegen mit Liebe und Hingabe über das Instrument – sein Bestes liegt hier, entstanden aus Jahren des Studiums, der Disziplin, der Ausdauer. Er scheint in den Himmel hineinzugreifen und die Musik herunterzuholen. „Ich gehe zu Gott, wenn ich spiele", sagte er einmal, aber vielleicht wohnt Gott bereits in der Seele und in den Händen dieses Mannes. Er gibt sein Bestes, denn Musik ist sein Schicksal, seine Freude, der Grund seines Seins. Sein Paradies, wo er unberührbar ist, wo er mit Gott sprechen kann.

„Er meditiert, wenn er auf der Straße spielt, er hat einen spirituellen Hintergrund", formulierte es eine enge Freundin des Künstlers etwas anders. „Man traut sich gar nicht, ihn anzusprechen, wenn er so versunken ist. Als wäre er in einem Andersland, in einer Traumwelt. Unberührbar. Entrückt." Ein Zuhörer schüttelt ehrfürchtig den Kopf, nachdem er die Fantasie und Fuge in G-Moll von Johann Sebastian Bach in der Grazer Hans-Sachs-Gasse gehört hatte. „Er hat mich ein Stück weit in sein Land mitgenommen. Jetzt gehe ich glücklich nach Hause und träume ein bisschen."

Träumen. Träume.

In den alten vedischen Schriften der Hindus heißt es, diese Welt sei nichts weiter als Gottes großer Traum – eine Fantasie. Vielleicht wusste das auch Johann Sebastian Bach, als er seine Fantasie und Fuge in G-Moll komponierte. Und während Gott träumt, sind wir alle nur ein Teil dieses Traums, ein kleiner Planet, der um eine kleine Sonne kreist in einer Galaxie, die umgeben ist von Abermillionen anderer Galaxien. Wir sind nur ein winzig kleiner Teil eines mächtigen Traums.

„Wenn ich Musik spiele, träume ich mein Leben", erzählt mir Vitaliy, als wir uns tieferen Themen zuwenden. Dieser kluge und feine Mann, der Ausnahmekünstler, ist in Wahrheit ein hochphilosophischer Mensch, der zu vielen Themen des Lebens tiefgründige Ansichten hat. Man merkt ihm seine jahrelange spirituelle Praxis an.

„Träume sind wie Samen, die du in die Erde legst. Aber es muss die richtige Erde sein, die richtige Umgebung, der richtige Zeitpunkt. Wie in einem Garten. Manchmal musst du jahrelang warten, bis die Frucht kommt und deine Träume sich erfüllen. Jahrelang. Es braucht viel Geduld, sehr viel Geduld. Und du musst deine Träume beschützen, sonst verdorren sie."

Er lächelt mich an. „Ich habe viel Geduld und kann warten. Das habe ich in meinem Leben gut gelernt. Ich habe immer viel gewartet, auf Dokumente, auf Arbeit, auf mein Kind, auf die Freiheit von den Landesgrenzen. Ich habe gewartet und gewartet, und dazwischen habe ich gespielt." Ein verträumter Ausdruck huscht über sein Gesicht. „Alles ist gekommen. Alles, was ich geplant habe, wurde wahr."

Ich mustere ihn sehr nachdenklich. Wie gerne klagen wir doch darüber, dass sich unsere Herzenswünsche nicht erfüllen, unsere Träume nicht wahr werden. Vielleicht deshalb, weil wir für uns selbst nicht genau geklärt haben, was wir uns wirklich wünschen und daher nicht fokussieren können. Alles bleibt verschwommen, wie bei einer unscharf eingestellten Kamera. Dennoch wollen wir alle ein Leben führen, in dem unsere Erwartungen und Träume erfüllt werden. Zumindest sagen viele das von sich. Und wir träumen davon, unserem Leben eine neue Richtung zu geben. Aber sogar, wenn wir genau wissen, was wir wollen, fehlt es oft an den nötigen Handlungsschritten.

„Du musst dich auf den Weg machen. Wenn dein Schiff noch nicht im Hafen eingetroffen ist, dann rudere ihm entgegen", ermahnte einmal ein kluger Mensch einen anderen Menschen.

„Von nix wird nix", sagte meine weise Tante Resi.

Theoretisch könnten wir unser Leben jederzeit ändern: Wir könnten morgens unser Haus verlassen und nie wieder zurückkehren. Wir könnten eine kaputte Ehe aufgeben, wir könnten nach der Mittagspause einfach nicht mehr zur ungeliebten Arbeit zurückkehren.

Vielleicht jedoch haben wir einfach Angst davor, unsere Träume könnten sich tatsächlich erfüllen. Dann nämlich müssten wir durch jene Türen hindurchgehen, die sich plötzlich auftun. „Sei eindeutig in deinen Wünschen, und das Universum wird dir reihenweise Türen aufreißen", formulierte es einmal jemand sehr salopp, und wahrscheinlich hatte er recht. Nur: wollen wir durch diese Türen dann wirklich hindurchgehen? Die Veränderung ertragen? Können wir all den Rückenwind, all die Unterstützung tatsächlich annehmen? Oder erschreckt uns der Gedanke an einen möglichen Erfolg, ein mögliches Glück, und lässt uns zaudern und zögern?

Vitaliy Patsyurkovskyy jedenfalls hat nie gezögert, seine Träume wahr werden zu lassen. Auch wenn es Zeit, Geduld und Durchhaltevermögen erforderte, an der Verwirklichung seiner Träume hatte er stets zielgerichtet gearbeitet.

Vielleicht könnte man eine Formel für Traumerfüllung entwickeln, die in etwa so lauten würde: Traum + Wollen + Beharrlichkeit + Energie = Traumerfüllung.

Kurz wurde ich für diese Idee von meinen Freunden belächelt, blickte aber dann doch in nachdenkliche Gesichter.

„Wenn ich meine Aufgabe hier erledigt habe, werde ich glücklich sterben. Bis dahin werde ich die Liebe aufrecht erhalten – die Liebe zur Musik, zum Publikum, zum Instrument."

KAPITEL 30

„Wo sind Sie, wenn Sie Musik spielen?"

Wo sind Musiker, wenn sie in der Komposition versinken? Das frage ich mich oft, wenn ich mir auf YouTube Videos von berührenden Musikstücken ansehe und anhöre.

Die Chaconne von Johann Sebastian Bach beispielsweise ist so ein Stück, gespielt von einem völlig weggetretenen Marc Bouchkov, begleitet vom hr-Sinfonieorchester-Frankfurt Radio Symphony. Oder das Englischhorn Solo aus dem Titelthema der Filmmusik zu „Schindlers Liste" beim Konzert mit dem Niederländischen Orchester aus dem Jahr 2017. Die Solistin Davida Scheffers bricht nach ihrem Spiel in Tränen aus. Auch im Publikum wird geweint. Die Pianistin Hélène Grimaud taucht mit dunkel verschleiertem Blick aus dem Adagio von Mozarts Klavierkonzert Nr. 23 auf. Wo war sie während ihres Spiels? Der unvergessliche Glenn Gould spielt das Bach Konzert Concerto No.1 in D-Moll (BWV 1052) mit Leonard Bernstein und dem New York Philharmonic Orchestra so entrückt, dass ich jedes Mal die Luft anhalte. Der Cellist Gautier Capuçon interpretiert zusammen mit dem Pianisten Nikolai Lugansky das Stück „Vocalise" von Rachmaninow so hingebungsvoll und mit fest geschlossenen Augen, dass bisher noch jedem, dem ich das vorspielte, ein fassungsloses „Oh, wie schön", entfuhr.

Eigentlich sollte man Musiker bei ihren Interpretationen nicht filmen, es ist viel zu intim. Mir bleibt jedes Mal beinahe das Herz stehen, wenn ich zusehe. Ich mache lieber die Augen zu und höre.

Was ist es, das sie so davonfliegen lässt?

Als ich Vitaliy frage, wo er ist, wenn er in seiner Musik versinkt, kommt die Antwort sofort: „Bei Gott."

Wumm. Paukenschlag. Ich erstarre.

„Das kann ich so nicht schreiben", platze ich heraus, „das ist zu religiös. Jeder versteht unter Gott etwas anderes. Ich muss das anders schreiben."

Ein enttäuschter Blick trifft mich. Ich lasse das Thema fallen und schäme mich für meine Feigheit. Aber es ist noch nicht vorbei. Vitaliy kommt noch einmal darauf zurück, später. Dann, als wir über Versunkenheit und sein anderes Gesicht reden, das er während seines Spiels bekommt. Die Verwandlung ist unglaublich.

Als ich für ein Interview Gast in seinem Haus war, erlebte ich ihn als 55-jährigen Familienvater. Ein normales Gesicht, wie Millionen andere auch. Ein paar Falten, der Blick manchmal müde. Angestrengt, ein bisschen erschöpft. Kaum jedoch schnallt er sein Akkordeon um, passiert etwas Besonderes, sogar dann, wenn er nur Fingerübungen macht. Sein Gesicht wird auf einmal weich, ganz jung. Wie eine Blume, die ihren göttlichen Zauber entfaltet und sich zur Freude und zum Wohle der Zuhörer öffnet. Der Blick geht ins Leere. Es ist jedes Mal so.

„Wenn Sie diesen Blick bekommen… wo genau sind Sie dann? Wohin gehen Sie?"

„Zu Gott. Aber du schreibst darüber nicht."

Ich schlucke hart. Es ist ihm so wichtig.

„Sage es mir. Ich schreibe es."

„Ich wechsle die Welt. Ich gehe in eine Anderswelt, während meine Finger von selbst über das Akkordeon laufen. Ich bin in einer Schwingung, die ich nicht erklären kann, und ich nehme mein Publikum dorthin mit. Die Leute wissen das, sie fühlen das. Sie erwarten das von mir, deshalb kommen sie zu mir. Es ist meine Aufgabe, sie in diese andere Welt mitzunehmen. Zu Gott. Es ist kein spezifischer Gott, nicht der christliche, der islamische oder ein anderer Gott einer Religion. Es ist eine Instanz, die tröstet, heilt, die Menschen glücklich macht, ihnen Freude schenkt. Ich bin dann in einer Trance. Ich fliege weit und ich nehme meine Zuhörer mit. Mein Publikum fliegt mit mir."

Er sieht mich ernst an. „Nicht immer glückt mir das. Viel hängt von den Umständen ab, von der Akustik, vom Publikum, meiner eigenen Verfassung. Aber es gelingt immer wieder. Wenn ich sehr weit geflogen bin, brauche ich viel Zeit, um mich wieder zu erholen."

Ich atme ganz vorsichtig und leise, um diesen Moment nicht zu zerstören und denke dabei an all die glücklichen Gesichter, in die ich während seines Spiels geschaut habe. Er hat recht. Sie fliegen mit ihm. Es ist seine bedingungslose Hingabe an etwas Göttliches und an sein Publikum, die diese tiefe Wertschätzung und Dankbarkeit auslöst, mit der ihm alle begegnen. Ich fühle mich zutiefst geehrt, dass ich ihm hier gegenübersitzen darf.

„Ich habe mich schon als Kind gefragt, wer Gott ist, warum ich hier bin, was hier meine Aufgabe ist, was von mir erwartet wird, was ich hinterlassen soll." Ja, denke ich, das sollten wir uns wohl alle fragen und uns nicht verzetteln mit vielen kleinen Talenten hier und dort. Unbegrenzte Energie erhalten wir nur dann, wenn wir unsere Lebensaufgabe gefunden haben.

Schon vor achthundert Jahren sagte Rumi, der große persische Dichter: „Es ist, als habe ein König dich in ein fernes Land geschickt, um eine einzige Aufgabe zu erledigen. Du kannst hundert andere Aufgaben erledigen, doch wenn du es am Ende nicht geschafft hast, die eine zu erledigen, für die du geschickt wurdest, wird es sein, als hättest du überhaupt nichts erreicht."

Das menschliche Leben verlangt nach einem Sinn. Etwas, wovon wir tief in unserem Inneren wissen, dass es wichtig ist und auf irgendeine Weise zum größeren Ganzen beiträgt. Es geht um Verbundenheit und um die Demut des Dienens. Um Hingabe.

„Ich habe einmal in einem Altersheim in der Nähe von Stuttgart gespielt, wo sehr alte Leute lebten. 90 Jahre, 100 Jahre alt. Sie konnten kaum mehr gehen, sie konnten kaum mehr essen." Vitaliys Stimme klingt immer noch geschockt, als er davon spricht. „Ich habe so etwas noch nie in meinem Leben gesehen. Sie waren so alt. In der Ukraine werden die Menschen nicht so alt. In diesem Altersheim gab es einen kleinen Altar, vor dem die Menschen beteten und ich hatte immer das Gefühl, sie baten darum, endlich, endlich sterben zu dürfen. Und ich dachte, dass ihr Gott sie nicht hört. Es hat mich sehr nachdenklich gemacht."

Dann erzählt er von seiner Mutter. „Sie fragte mich oft, warum ich so ernst war. Ich erklärte ihr, dass ich über den Tod nachdenke. Darüber war sie immer sehr besorgt. Du musst über das Leben nachdenken, nicht über den Tod, schimpfte sie mit mir. Der Tod kommt früh genug."

„Aber ich möchte vorbereitet sein, selbst wenn mein Tod überraschend kommt. Wenn ich meine Aufgabe hier erledigt habe, werde ich glücklich sterben. Bis dahin werde ich die Liebe aufrecht erhalten – die Liebe zur Musik, zum Publikum, zum Instrument."

Himmel! Bei welchen Themen sind wir jetzt auf einmal gelandet?

Aber es ist egal. Der zurückhaltende Vitaliy Patsyurkovskyy, der stille Virtuose, hat urplötzlich ein Fenster zu seiner Seele geöffnet und ich weiß gar nicht, wie ich dieses Vertrauen wertschätzen soll. Vielleicht, überlege ich, gibt er uns mit seiner Musik eine Ahnung davon, dass unsere Übergänge, die Schwellen, die wir zu überschreiten haben, gar nicht schwierig sein müssen. Vielleicht fliegen wir deshalb mit ihm, weil wir einen Vorgeschmack auf das bekommen, was uns erwartet.

„Ich vertraue meinem Schicksal.
Vertrauen hat einen großen Platz in meinem Herzen."

KAPITEL 31

Vom Vertrauen

Ich vertraue einfach, dass alles seinen richtigen Weg geht. Wenn ich das tue, fügt sich meine Welt stets leicht und mühelos zusammen. Natürlich muss ich die richtigen Impulse setzen, muss Entscheidungen treffen, muss handeln, innere und äußere Widerstände aushalten, durchhalten, mit meinen Zweifeln und Ängsten umgehen. Manchmal ist die Vergangenheit zu schmerzhaft, um sie sich in Erinnerung zu rufen und die Zukunft scheint furchterregend. Der einzig sichere Platz ist der Augenblick, in dem ich mich befinde, hier und jetzt. Nichts kommt von selbst, aber ich habe gelernt, nicht unnötig viel Energie aufzuwenden, um Hindernisse zu überwinden. Wenn ich auf die leise innere Stimme höre, die mich stets anleitet zu tun, was erforderlich ist, gelingt alles. Manchmal jedoch muss die Stimme sehr laut brüllen, bis ich endlich kapiere, was zu tun ist. Mein ganzes Leben lang habe ich geübt, Vertrauen zu haben. Ich habe immer und immer wieder geübt, glückliche Fügungen als tausend ungesehene helfende Hände zu akzeptieren.

„Wie ist das mit dem Vertrauen bei dir?", frage ich Vitaliy irgendwann, nachdem wir Vertrauen zueinander gefasst haben.

„Ich weiß nicht wieso, aber ich vertraue den Menschen. Ich weiß nicht, woher das kommt. Vielleicht sehe ich es in den Gesichtern, oder an den Bewegungen, oder an den Stimmen. Oder ich weiß es von der Energie, die sie ausstrahlen. Ich habe überall gute Menschen gefunden, egal, welcher Nationalität."

Dann erzählt er, wie er oft in einer Stadt ankam und nicht wusste, wo er übernachten, wo er wohnen würde. „Ich wurde immer eingeladen, oft wusste ich nicht einmal, wer das war, wo dieser Mensch lebte, wo ich hinfahren würde."

Mir rinnt es kalt über den Rücken. Niemals würde ich so etwas machen, aber ich bin eine Frau und entsprechend vorsichtig.

„Ich spielte in Padua und ein älterer Mann kam und hörte mir zu. Wir kamen ins Gespräch, er sprach sehr gut Deutsch. Er war Architekt und hatte ein Haus außerhalb von Padua. Du kannst bei mir wohnen, sagte er. Also bin ich ihm hinterhergefahren. Ich hatte keine Ahnung, wohin es ging. Ich bin ihm einfach gefolgt. Das Haus war phänomenal." Vitaliys Augen leuchten vor Begeisterung, als er davon erzählt. „Ich habe zwei Sommer lang dort gewohnt. Giorgio, der Besitzer, war ein Jazz-Fan und fasziniert, wenn ich Barockmusik spielte. Das war etwas ganz Neues für ihn, noch dazu auf einem Akkordeon, nicht mit Geigen und Orchester. Er hatte einen großen Garten, wohin er oft Musiker einlud. Sie spielten Jazz und ich Klassik." Vitaliys Stimme wird hell vor Freude, als er davon erzählt. „Es war wunderbar. Wir spielten in der Nacht, und die Nacht ist gut für meine Musik." Dann kratzt er sich kurz am Kopf. „Die Mücken waren allerdings entsetzlich. Ich war immer ganz zerstochen. Auf dem Kopf, an den Händen." Wie unangenehm, denke ich, dass es auf seinem Kopf so viel freie Fläche gibt, wohin Mücken stechen können. Das muss beim Spielen ordentlich irritiert haben.

„Giorgio war so großzügig. Er gab mir den Schlüssel für die Wohnung, er holte mich vom Bus ab, er gab mir sein Telefon." Er summt ein paar Takte irgendeiner Melodie, dann sagt er: „Ich habe immer vertrauenswürdige Leute getroffen. Immer wurde mir eine Unterkunft angeboten, immer wurde mir alles bezahlt. In Bassano del Grappa, einer kleinen Touristenstadt, wurde ich von einem Mann und einer Frau eingeladen, bei ihnen zu übernachten. Ich war schon sehr müde von der Fahrt und dem Spielen, ich habe die Einladung angenommen. Bis heute weiß ich nicht, wer sie waren."

Er meint, dass er über seine Musik nur mit guten Menschen in Kontakt käme. Das stimmt wahrscheinlich. Nach dem uralten Resonanzprinzip, wonach Gleiches Gleiches anzieht, kann er nur Menschen anziehen, die im Herzen schön sind.

„Hattest du denn nie Angst? Irgendwelche Bedenken?", will ich wissen.

„Oft hatte ich gar keine Wahl. Wenn ich Hilfe brauche und es kommt Hilfe, irgendeine, gehe ich das Risiko ein. Wenn mir jemand helfen will, nehme ich die Hilfe an. Ich kann nicht wählen. Ich brauche die Hilfe in diesem Moment. Wenn viele Leute helfen wollen, kannst du wählen, aber wenn du auf Hilfe wartest und sie kommt in völlig unerwarteter Form, wirst du sie dann etwa ablehnen?"

Er schaukelt auf dem Sessel nach vor und zurück. „Wenn ich ein Angebot bekomme, sage ich ja. Ich nehme Angebote immer an. Du weißt im Voraus nie, wohin dieses Angebot führt. Nein sagen kannst du immer noch, aber ein Nein ist, wie wenn du eine Türe zuknallst. Mit einem Nein ist Schluss."

Ich lache heimlich in mich hinein. Tatsächlich sagt er nie „Nein". Aber um einige Interviewfragen hatte er sich derart herumgewunden, dass das „Nein" laut im Raum gestanden hatte.

„Was also bedeutet Vertrauen für dich?"

Er sieht mich fassungslos an, hat er mir das nicht soeben gesagt?

Dann lächelt er mich nachsichtig an und erwidert: „Ich habe immer darauf vertraut, dass sich alle meine Träume erfüllen. Bisher war das so. Alle meine Träume sind wahr geworden. Alles, was ich mir gewünscht habe, ist gekommen. Ich vertraue meinem Schicksal. Vertrauen hat einen großen Platz in meinem Herzen."

Kurz taucht ein Zirkusbild vor meinem inneren Auge auf, Akrobaten in luftiger Höhe. Der Springer muss mit ausgestreckten Armen und offenen Händen darauf vertrauen, dass sein Fänger da sein wird.

Künstler verschenken sich an die Welt.

Auf das Handy scannen und hören:
Isaac Albéniz. Asturias (Leyenda)

KAPITEL 32

Vom Schenken und der Großzügigkeit

Viele machen ein großes Getöse um ihren Dienst an der Menschheit. Um das, was sie für andere tun. Sei es die Entwicklungshilfe, die sie leisten, sei es das Geld, das sie spenden, oder etwas anderes Edelmütiges. Immer ist das Schenken mit einer PR-Aktion verbunden, Aufmerksamkeit und Lob werden erwartet. Wir sind an diesen riesigen Marktplatz der Eitelkeiten gewöhnt, wir posten auf Facebook und anderen Kanälen, wir stellen Fotos ein, die uns in voller Aktion zeigen. Jeder soll sehen, welch gute Menschen wir sind. „Was bekommen wir dafür?", ist die Frage, die stets im Hintergrund lauert. „Was bringt es mir? Was ist der Gegenwert?"

Stattdessen könnten wir uns eine andere Frage stellen: Was kann ich tun, um einem anderen etwas Gutes zu tun, ihn zu unterstützen, für ihn da zu sein? Ihn zu lieben, zu ehren, ohne eine Gegenleistung zu erwarten? Haben wir das etwa in unserer Kultur verlernt? Sind wir hart und kalt geworden, schnell und rücksichtslos? Ist das neu oder war das immer schon so?

Werden diejenigen immer mehr, die sich laut schreiend und mit Ellbogengewalt emporhanteln, wobei sie sich auf ein Meer von Gutwilligen und Liebevollen stützen? Ohne die sie niemals dorthin gekommen wären, wo sie jetzt sind. Die wie Korken auf den Wellen der Freundlichen tanzen und meinen, sie hätten alle Macht der Welt. Wo sind die Gegengewichte, die den Ausgleich schaffen und die Balance wiederherstellen?

Es sind die Stillen, die Leisen, die Unauffälligen, die die Welt am Laufen halten. Diejenigen, die ohne großes Trara dienen und dafür geliebt werden. Bei deren Begräbnissen die Friedhöfe schwarz von Menschen sind. Denen es Zeit ihres Lebens nicht wichtig war, wichtig zu sein.

Diejenigen, die wie eine Strömung sind, die andere mit sich reißen und diese Welt zu einem besseren Ort machen. Die sich hingeben, ohne nach dem Mehrwert zu fragen. Die sich verschenken, hemmungslos, vorbehaltlos. Sie alle sind das tiefe Netz, das im Untergrund gespannt ist und alles trägt.

„Ich will mich verschenken, damit mein Leben Sinn macht, aber ich muss etwas haben, das sich zu geben lohnt. An dem Tag, an dem ich geboren wurde, wurde die Welt gesegnet. Niemand sonst kann geben, was ich zu geben habe", las ich einmal über dem Portal eines Pariser Museums anlässlich einer Kunstausstellung, und dieser Satz hat mich tief berührt.

Betrachte ein Kunstwerk und die Energie des Künstlers, der es geschaffen hat, wird zu dir herüberschwingen. Höre Musik und du erlebst die Magie der Komposition und die Kunst der Interpretation durch den Musiker. Künstler verschenken sich an die Welt. Ihre Bücher verändern Menschen, ihre Gemälde und ihre Skulpturen lassen uns andere Welten betreten, ihre Musik transformiert uns. Kunst ist Großzügigkeit und Hingabe. „Ich will mein Publikum glücklich machen", sagte die junge spanische Stargeigerin Maria Dueñas am 19.5.2023 in einem Radiointerview.

Es ist nicht selbstverständlich, großzügig beschenkt zu werden und oftmals sind wir außerstande, das Ausmaß eines Geschenkes zu erfassen. Wir erkennen häufig nicht, mit welcher Liebe es ausgesucht wurde und wie viele Gedanken sich der Geschenkgeber machte, um uns eine Freude zu bereiten. Welche Herzensfreude, welch freundliche und liebevolle Gesinnung hinter dem Geschenk steckt. Die Wertschätzung, die der Geschenkgeber dem Beschenkten entgegenbringt, wird vielfach missverstanden. In einer Welt, in der alles gegengerechnet wird, können wir mit selbstlosen Geschenken kaum umgehen und es ermangelt uns an Ausdrucksformen und vor allem an Mut, aufrichtig Danke zu sagen. „Mir ist es peinlich, mich von Herzen zu bedanken", gestand mir einmal jemand. Und so bedanken wir uns oftmals nicht angemessen genug.

Vitaliy Patsyurkovskyy schenkt. Er spielt Weltklassemusik zum Nulltarif. Man gibt ihm etwas, oder auch nicht. Konzerte mit freiwilligen Spenden sind ihm am liebsten. Er gibt, großzügig und vorbehaltlos.
    Was ich nicht wusste, war, dass der Akkordeonvirtuose ein Philosoph ist. Ein feiner, nachdenklicher Mann, der sich mit vielen Lebensthemen intensiv auseinandersetzt. Einer, der sich des Prinzips von Schenken und

Empfangen sehr bewusst ist. Der sich stets aufrichtig für alles bedankt, was ihm zuteil wird. Dem eine von Herzen kommende Dankbarkeit zur zweiten Natur eworden ist. Dem der Krieg in seinem Heimatland das Herz bricht.

Der stille Philosoph mit dem Akkordeon.

In unseren langen Gesprächen hat sich seine tiefsinnige Seite herausgeschält, und ich fühle mich zutiefst geehrt, dass er seine Gedanken und Ansichten mit mir geteilt hat. Er hat es sanft getan, wie es seine Art ist. Mit stiller Würde und Hingabe.

Es ist ein Geschenk, für das ich sehr dankbar bin. Danke.

Wie viel Schönheit erträgt der Mensch?

KAPITEL 33

„Warum haben Sie geweint?"

Erinnern Sie sich an die Frau, die zu Beginn unserer Geschichte bei der Musik unseres Akkordeonkünstlers geweint hatte?

Nun, ich sehe sie zufällig einige Wochen später an der Straßenbahnhaltestelle auf dem Grazer Hauptplatz. Der Jänner neigt sich zu Ende, es ist kalt, es ist feucht, es ist ungemütlich. Keine Sonne, schon seit vielen Tagen nicht. Ein lästiger Wind weht und wirbelt Staub und Müll durch die Straßen. Die Weihnachtsbeleuchtung ist abmontiert, die Straßenmusiker sind verschwunden und eine düstere Stille hat sich ausgebreitet. Es riecht nach Depression. Nur wenige Menschen sind unterwegs, verkniffene Gesichter sehen mir entgegen. Dies ist wohl die schwierigste Zeit des Jahres, denke ich und wende schaudernd den Blick von meinem eigenen Gesicht ab, das sich in einer Glasscheibe spiegelt. Verkniffen, ebenfalls.

Die Frau erkenne ich nur an ihrer Mütze, einem witzigen, stachelartigen Ding, und an ihrer knallroten Handtasche wieder. Sie scheint es eilig zu haben, denn sie sieht mehrmals auf die Uhr. Ihr Gesicht ist heute kantig und sie wirkt müde. Dennoch spreche ich sie an, die Gelegenheit zu fragen kommt vielleicht nie wieder. Ich muss schnell machen, ihre Straßenbahn ist bereits in die Haltestelle eingefahren und die Frau holt den Fahrschein aus der Manteltasche.

„Entschuldigen Sie, dass ich Sie anspreche, aber ich möchte Sie etwas fragen." Die Frau dreht sich zu mir herum und zieht leicht die Augenbrauen hoch. Grüne Augen. „Warum haben Sie beim Akkordeonspiel in der Stempfergasse geweint?"

Für den Bruchteil einer Sekunde weiten sich die Augen, erschrocken.

„Wie bitte? Ich weiß nicht, was Sie meinen!" Abwehr fällt wie ein Vorhang über ihr Gesicht. Sie sieht mich an, als wäre ich einer Irrenanstalt entsprungen. Dann dreht sie sich weg und macht ein paar hastige Schritte auf ihre Straßenbahn zu, die just in diesem Moment anfährt. Ein ärgerlicher Laut kommt über die Lippen der Frau und sie starrt entnervt auf die Anzeigentafel mit den Abfahrtszeiten.

Das ist meine Chance. Ihre nächste Straßenbahn kommt erst in zehn Minuten. Ich nähere mich ihr ein weiteres Mal. Die Abwehr, die sie ausstrahlt, ist mit Händen zu greifen.

„Bitte! Bitte helfen Sie mir. Es geht um den Akkordeonspieler, um Vitaliy Patsyurkovskyy. Ich schreibe ein Buch über ihn." Ein kaum wahrnehmbarer Ruck geht durch ihren Körper, dann wendet sie sich mir zögernd zu. „Und was hat das mit mir zu tun?"

Gott sei Dank sagt sie nicht „Lass mich in Ruhe!", denke ich zutiefst erleichtert und atme vorsichtig aus. „Es geht um seine Musik. Ich habe Sie in der Stempfergasse gesehen. Ich war nämlich auch dort."

Mit einem Mal werden die Züge der Frau weich und etwas Schönes, Zartes breitet sich in ihrem Gesicht aus. „Ja. Ich erinnere mich." Urplötzlich sind die Schranken der Abwehr gefallen.

„Wollen Sie mir davon erzählen?" Ich bewege mich langsam weg von der Haltestelle hin zu den Arkaden und hoffe, dass sie mitkommt. Tatsächlich kommt sie mir nach, zögerlich, beinahe widerstrebend. Ich gehe langsam voraus, bis die Straßenbahnen nicht mehr zu sehen sind. Schließlich landen wir in einer Hofeinfahrt in einer Seitengasse.

„Warum haben Sie geweint?"

Falsch, du machst das ganz falsch, schreit mein Hirn, du musst sie anders fragen! So geht das nicht! Das ist viel zu intim! Frag was anderes! Aber noch während ich fieberhaft nach einer harmloseren Frage suche, fragt plötzlich sie mich etwas. Etwas Merkwürdiges: „Wie viel Schönheit erträgt der Mensch?"

Ich schnappe perplex nach Luft, was ist denn das für eine Frage?

Während ich konfus herumstottere – bis heute weiß ich nicht, welchen Unsinn ich von mir gegeben habe – und mein Hirn mich erneut anschreit, ich solle mich nicht so unprofessionell verhalten, erhellt ein feines Lächeln ihr Gesicht. Sie lehnt sich an die Mauer und sieht mich nachdenklich an.

„Ich habe geweint, weil ich die Musik sonst nicht ausgehalten hätte. In ihrer Größe und ihrer Schönheit. Sie ist völlig ungebremst in mein Herz geflossen und hat mich überschwemmt. Ich konnte gar nicht anders als zu weinen. Sonst wäre ich womöglich geplatzt."

Sie blickt mir forschend ins Gesicht. „Den anderen erging es ja auch so, erinnern Sie sich nicht? Auch wenn nicht jeder offen geweint hat."

Ja, oh ja. Ich erinnere mich genau an die Szene an jenem eiskalten Dezemberabend in der Grazer Innenstadt, als der Wind in die Gesichter der Menschen biss. Alle, die zuhörten, hatten die Augen geschlossen, als der Akkordeonkünstler die Musik federleicht aus seinem Instrument schweben ließ. Und ich erinnere mich, dass sich mehrere Leute heimlich die Augen abgewischt hatten.

„Was genau macht er? Warum brechen Menschen in Tränen aus, wenn sie seine Musik hören? Wie macht er das?" Vielleicht ergründe ich es heute endlich, dieses Geheimnis des Vitaliy Patsyurkovskyy.

Die Frau lächelt mich an und ihre grünen Augen funkeln amüsiert. „Das werden wir wohl nie erfahren, meinen Sie nicht auch?" Sie schüttelt fast unmerklich den Kopf, ihre Stachelhaube verrutscht um ein paar Millimeter. „Wenn ein Magier uns verzaubert, wollen wir nicht im Detail wissen, wie er das macht. Abgesehen davon, dass wir es ohnehin nie verstehen würden. Wenn wir einigermaßen bei Verstand sind, lassen wir uns einfach in die Magie hineinfallen. Nichts sonst."

Sie blickt auf die Uhr. „Ich muss jetzt wirklich dringend los!"

Sie rückt ihre Haube zurecht und kramt nach ihrem Fahrschein.

„Alles Gute für Ihr Projekt!"

Dann ist sie weg und lässt mich in der Hofeinfahrt zurück. Sprachlos, verwirrt. Dennoch habe ich genau verstanden, worum es in diesem kurzen Gespräch ging. Um das sich Hineinfallen-Lassen. Nicht zu hinterfragen. Sich einem Zauber hinzugeben. Um Magie. Nichts sonst.

Danke. Thank you. Grazie.

Danksagung

An dieser Stelle Danke zu sagen ist mir ein tiefes inneres Anliegen.

Viele haben mich auf dem Weg, dieses Buch zu schreiben, begleitet und unterstützt. Sie haben mir zugehört, wenn ich gezweifelt habe, sie haben mich getröstet, wenn ich mutlos war. Sie haben mich zentriert, wenn ich den Fokus verlor. Ihnen allen danke ich von ganzem Herzen, denn die Magie ihrer großzügigen Unterstützung hat mich beim Schreiben wie auf einem Fluss des Wohlwollens immer weiter und weiter getragen.

Namentlich bedanken möchte ich mich bei folgenden Menschen:
Bei Natalie Resch, die die ersten Schritte dieses Buchprojektes mit mir gegangen ist.
Bei meinen Testleserinnen Karin Killmann, Barbara Katz und Susanna Rupp, die mir stets hilfreiches Feedback gaben.
Bei der Familie Paciorkowski für ihre Gastfreundschaft.
Bei Paul Dietrich für seine Lektion über das Akkordeon.
Bei Nelly Dalakova, die ins Ukrainische übersetzt hat.
Bei Ingrid Grubauer, Friedrich Bouvier, Christa Schenk, Hilde Sichler, Manfred Bauer, Martin Huber und Andreas Kufferath für ihre Interviewbereitschaft und die Zur-Verfügung-Stellung von Fotos und Dokumenten.
Bei Thomas Wrenger für seine profunden Erklärungen zur Orgel.
Bei Ruth Scheuer für ihr feinfühliges Lektorat.
Bei meinem Sohn Florian, der mich immer wieder geerdet hat.
Bei Andreas Kufferath und Andrea Gritsch für ihr Geschenk der wunderschönen Gestaltung dieses Buches.
Bei Martin Huber und seinen Freunden, vor allem Gundi Jungmeier, Gerlinde und Kurt Praher, für die energische und tatkräftige Unterstützung.
Bei Vitaliy Patsyurkovskyy für seine Geduld, sein Verständnis und sein Vertrauen.

…und ich danke der Musik, die meine Seele schwingen lässt.

Quellenverzeichnis

Barenboim, Daniel: Klang ist Leben. Siedler Verlag. München. 2008

Berger, Jens: 111 Gründe, klassische Musik zu lieben. Schwarzkopf & Schwarzkopf. Berlin. 2019

Bichsel, Peter: Möchten Sie Mozart gewesen sein? Theologischer Verlag. Zürich. 1991

Buster, Bobette: Story. Hoffmann und Campe Verlag. Hamburg. 2018

Cameron, Julia: The Artist's Way – A Spiritual Path to Higher Creativity. Putnam's Son. New York. 1992

Delbrêl, Madeleine: Gebet in einem weltlichen Leben. Johannes Verlag. Einsiedeln. 1979

Ericsson, K. A. R. T. Krampe, C. Tesch-Römer: The role of deliberate practice in the acquisition of expert performance. In: Psychological Review 100. 1993

Gibran, Khalil: Die Musik. Der Reigen. Walter Verlag. Düsseldorf und Zürich. 1998

Harnoncourt, Nikolaus: Musik als Klangrede. Bärenreiter Verlag. Kassel. 2021

www.bach-digital.de

Kuusinen, Antti und Lokki, Tapio: „Recognizing individual concert halls is difficult when listening to the acoustics with different musical passages", Helsinki. 2020

Nause-Meier, Sylvia: Kent Nagano, „Das schönste Versprechen der Musik ist die Unendlichkeit". Happinez, Heinrich Bauer Verlag. Hamburg. 8/2022

Patel, A.D.: Music, Language, and the Brain. New York, Oxford: Oxford University Press, 2009

Rose, Tobias: Michel Serres: „Die fünf Sinne" – Gedächtnis. Hausarbeit. (Hauptseminar). 1999

Klinkhammer, Gisela: Heilkraft der klassischen Musik: Bach und Mozart gegen Bluthochdruck. Deutsches Ärzteblatt 2013; 110 (51-52)

Stuart, Matt: Augen auf! Fotografieren auf der Straße. Midas Verlag. Zürich. 2022

Trimmel, Michael: Freude. Proseminar. www.univie.ac.at

https://de.wikipedia.org/wiki/Bajan

Die Autorin

Renate (Rena) Reisch, geboren in Graz, Österreich, studierte Englisch und Geschichte und arbeitete zunächst als Professorin an höheren Schulen. Nach vielen Post-Graduate-Ausbildungen gründete und leitete sie 15 Jahre lang die Firma mt-Management Training für Weiterbildung in den Bereichen Kommunikation, Konfliktmanagement, Qualitätsmanagement, PR und Marketing. Renate Reisch schrieb sieben Sachbücher zu diesen Themen für den österreichischen Bildungsbereich und ist Autorin zahlreicher Fachartikel. Ihre Bücher erschienen zum großen Teil im renommierten Österreichischen Bundesverlag. Ihr 2021 erschienenes Reisebuch „Ganz allein – in Deinem Alter?" bildet die Reiseleidenschaft der Autorin ab.

Im vorliegenden Buch „Der stille Virtuose" begleitet sie den ukrainischen Ausnahmemusiker Vitaliy Patsyurkovskyy auf einer fiktiven Reise durch seine magische Welt der Musik und erzählt die faszinierende Geschichte eines großen Musikers.

Kontakt: reisch.renate@gmail.com

Der Virtuose

Vitaliy Patsyurkovskyy studierte Akkordeon und Dirigieren an der Hochschule Lviv/Lemberg, Ukraine. Neben seiner Lehrtätigkeit an der Fachschule für Kunst und Kultur führten ihn Konzertreisen durch ganz Europa. Der Künstler gewann 2000 den Grand Prix für Akkordeon in Genf und ist seither einer der weltweit bekanntesten Akkordeonvirtuosen. Sein Repertoire umfasst die Musik sämtlicher großer Barockkomponisten, melancholische Tangos, federleichte Walzer, osteuropäische Volksweisen, bekannte Opernarien und zeitgenössische Akkordeonkompositionen. Seine Interpretationen zeichnen sich durch hohe Werktreue aus, sein Akkordeon ersetzt ein ganzes Orchester. In der Grazer Fußgängerzone kommen die Menschen immer wieder in den Genuss, ihn auf offener Straße musizieren zu hören. Der Künstler, der seit 2016 in Polen lebt, hat drei CDs produziert, aus welchen es Hörproben im Buch gibt. Diese können über die jeweiligen QR-Codes abgerufen werden.

Weitere Informationen zu seiner Musik findet man auf seiner Internetpräsenz:
www.akkordeonvirtuose.com
Kontakt: info@akkordeonvirtuose.com

Ganz allein – in Deinem Alter?

Rena Reisch liebt Musik und Kunst und reist leidenschaftlich gerne. Ihr Buch über ihre Solo-Weltreise erfreut sich großer Beliebtheit.

Sie wollte einen großen Traum unbedingt realisieren. Rena Reisch machte sich im Alter von 63 Jahren zur langersehnten Weltreise auf, solo, selbstorganisiert und ohne jegliche Fremdunterstützung. „Mein Traum wurde wahr", sagte sie nach ihrer Rückkehr glücklich.
ISBN 978-3-99107-659-9

Berg- und Tal-Geschichten

Martin Huber, langjähriger Freund des Akkordeonvirtuosen, stammt aus einer berühmten Bergsteigerfamilie.

Die Geschichte seines Vaters und seiner beiden Onkel liest man im Buch: „Berg- und Tal-Geschichten, Franz, Adi und Lois Huber aus Palfau" von Gundi Jungmeier, erschienen 2023.
ISBN 978-3-200-08926-6